もくじ

序章 世界の大富豪が富を築くまで

第一章
世界の大富豪の富を築く
資産の増やし方

第二章
世界の大富豪の富を築く
お金の使い方

第三章

世界の大富豪の富を築く人との付き合い方

第四章
世界の大富豪の富を築く
お金の哲学

おわりに

ブックデザイン　水戸部 功
構成　伊田欣司
伊藤左知子
漆原直行
大下明文
瀬戸友子
外﨑 航
中津川詔子
吉村克己

序章

世界の大富豪が富を築くまで

一代で巨万の富を手にした大富豪も、初めはごくふつうの人だった

皆さん、初めまして。日本バトラー&コンシェルジュの新井直之です。当社は二〇〇八年一月の創業以来、「大富豪」と呼ばれる方々に〝執事サービス〟を提供してきました。執事サービスとは、ご依頼主になりかわり、日常生活のお世話からビジネスのお手伝いまで、あらゆるご要望にお応えしていく仕事です。

私どものサービスをご利用いただくお客さまは、保有資産五〇億円以上、年収五億円以上という富裕層のなかでもトップクラスの方々が大半を占めます。なかには数兆円の資産を持ち、世界の長者番付に名を連ねる外国の大富豪もいらっしゃいます。

創業から八年近くの間に、私どものサービスをご利用された大富豪は延べ一〇〇〇人を超えました。まだサービスを利用されていなくても、お客さまからご紹介された方などを含めれば、その何倍にもなる人数の大富豪にお会いしてきたことになります。

世の中にこれほど多くの大富豪がおられるとは、私もこの仕事を始めるまで知らなかったことです。しかもその大多数は、先祖や親の資産を受け継いだのではなく、ご自身で富を築かれてきた方々です。

自ら起業して成功したケース、投資のプロとなって成功したケース、他人から会社を譲り受けて成功したケースなど、大富豪になるまでの経緯はまさに百人百様。お金持ちになる方法は、これほどたくさんあるのか、と驚くばかりです。

そんな大富豪の方々の共通点は、意外なことに、ごく普通の人である、ということでした。

私自身、この仕事に就くまで「大富豪は普通の人たちとは違う」という思い込みがありました。それは私だけでなく、世間一般のイメージかもしれません。

実際、私が大富豪のバトラーだと知って、お金持ちに対するステレオタイプな考えをぶつけてこられる方は少なからずいます。

「数十億円、数百億円もの資産を持つ人たちは、上流階級のような特殊なグループに属しているんでしょ？」

「特別な才能に恵まれていて、汗水たらして働かなくてもいいんだよね」

「いったん大金を手にしたら、金が金を生んでどんどん増えていくから羨《うらや》ましいよな」

私自身も、大富豪の方々に直接お会いするまで、そういう誤ったイメージを抱いていたところがあります。だから、実際とのあまりに大きなギャップに驚いてしまったのです。

一代で財をなした大富豪は、一般家庭に生まれた方がほとんど。子どもの頃に特別な教育を受けた、という話も聞いたことがありません。

ごく普通の学生生活を送り、就職活動やサラリーマン生活を経験した方のほうがむしろ多数派です。わずかな年数で財をなし、「一五年前は生活が苦しかった」という方もいます。なかにはご自身で「一般のビジネス社会では通用しないダメ人間だったから、大富豪になれたようなものだ」と話される方たちもいらっしゃいます。

謙遜《けんそん》でも皮肉でもなく、自他ともにそう認めるケースも実は多いのです。

もしその方々の共通点を見つけることができれば、それこそが大富豪になる近道なのでしょう。ここでいくつか実際の例をご紹介したいと思います。

遅刻ばかりでクビになった大富豪

会社のなかで遅刻の常習者といえば、ダメ社員の代表です。しかし、朝に弱くて、遅刻ばかりしていたのに、大富豪になった方がいます。

大富豪は日の出とともに活動を開始するエネルギッシュな朝型人間が多いなかで、その方は珍しく夜型人間でした。

そのお客さまは「朝は苦手だ」が口癖。お酒が大好きで、夜ふかしが長年の習慣になっているからです。深夜になるほど元気ハツラツ、目がランランと輝いてくるような夜型の大富豪です。

六〇代になった現在は、飲みすぎて二日酔いになることはありませんが、若い頃は二軒三軒とハシゴするのが当たり前で、お酒での失敗談や武勇伝もたくさんお持ちです。

実はそれぐらいお酒好きだったことが、大富豪になるきっかけにもなっているのです。

このお客さまは東北地方のご出身で、技術系の専門学校を卒業したあと東京に出て、ビル設備のメンテナンス会社に就職しました。ごくふつうのサラリーマンとして社会人生活がスタートしたわけです。

ただ、その頃から毎晩のように飲み歩いていたので、いつも午前様。朝は二日酔いで起きられません。

新人なのにお昼近くに出社することもたびたびあって、一年ほどそういう勤務態度がつづいたら、上司もあきれて「もう来なくていい」と言われてしまったそうです。

「いきなり会社はクビになるわ、再就職先は見つからないわで、あのときは途方に暮れたよ。知っていることはビル設備のメンテナンスしかないが、一年の経験でも仕事の中身はだいたい摑《つか》めたから、思い切って会社を立ち上げた。まだ二〇代前半で怖いもの知らずだったからね。それがよかったんだと思うよ」

そのお客さまは、当時を振り返って他人事のように笑いながら話されていました。

しかし、失業して途方に暮れるなかで下した決断が、大富豪への道に繫《つな》がる第一歩となるのですから、人生というものはわかりません。

初めは個人事業主のように、知り合いの伝手を頼ってビル設備の定期点検などを請け負っていたそうです。資金もほとんどないところからの起業でしたが、実はこの方にはお金とは別の大きな財産がありました。それは**毎晩のように飲み歩くなかで築いてきた人間関係**です。

業界内の人脈はもちろん、幅広い交友関係があったからこそ「彼は失業して困ってるだろう」と仕事がまわってきたのです。

しかも、起業のタイミングも絶妙でした。当時はちょうど高度経済成長期の真っ只中。高層ビルの建設ラッシュという追い風が吹いたのです。

そのうち、自分ひとりではさばき切れないほど次々と依頼が入ってくるようになります。数人のエンジニアを雇って、営業活動にも力を入れ出すと、面白いように業績は伸びていったそうです。

「メーカー系列ではなく、独立系だから初めは苦労したけど、そのおかげで技術が磨かれていった。修理に必要な部品を自分たちで製造できるくらいにね。大きなトラブルがあると、自分が出ていかないと解決しないから、創業から一〇年ほどは泊まりがけの旅行ができなかったよ」

それから、四〇年あまりで従業員一〇〇〇人規模の会社に成長し、現在は全国に支社や支店を構えるほどになりました。

今でも毎晩のようにお酒を飲みに出かけられます。とくに社員たちと飲むのが大好きで、夕方になるとオフィスを歩きまわって誰かを誘っている姿をよく見かけます。気さくな方なので、社員たちも喜んでついていきます。

お酒が大好きで朝に弱く、サラリーマンとしては失格だったとしても、人当たりがよくて誰からも慕われるその方は、大富豪になる資質を十分に備えていたのだと思います。

大学の入学金と授業料を起業資金に充てた大富豪

一代で大富豪になられた方は、勤勉で努力家タイプがほとんど。〝地道にコツコツ〟がモットーの方が少なくありません。

ただし、学校の勉強となると話は別です。大富豪のなかには、学生時代は勉強嫌いだったという方が意外と多いのです。私のお客さまにも、そのような大富豪はいらっしゃいます。

例えば、二〇代初めに広告代理店を起業し、現在までに数十億円の個人資産を築かれた方。

このお客さまは、北陸地方で生まれ育ち、高校を卒業したらとにかく東京に出たいと思われていたそうです。ただ上京したいと言っても親は許してくれませんから、東京の大学を受験して合格しました。

ところが、もともと勉強が嫌いですから、親から入学金と授業料をもらって上京しても、その大学には入学しませんでした。ひとり住まいのアパートで親から仕送りと毎年の授業料を受け取り、都会生活を満喫していたのです。

しかし、ただ遊んでいるわけにもいきませんから、もともと興味があった広告業界でアルバイトを始めます。

「初めのうちは、新聞の折り込みチラシや電柱広告の仕事をずっと手伝っていたよ。そうしたら業界に知り合いが増えて、個人的に下請け仕事がもらえるようになった。そのうちイベント企画などの大きな仕事も頼まれて、自分ひとりでは仕事がまわらなくなってね。これなら会社を作ってもやっていけそうだと思ったんだ」

思い立ったらすぐ行動に移すのも大富豪になる方の共通点です。大きな仕事を頼まれるようになると、その方は数人のスタッフを雇って、小さな広告代理店をスタートさせました。このとき創業資金に充てたのが、親からもらっていた大学の入学金と四年分の授業料です。

「親にはもちろん内緒でね。いまだに親たちは、僕があの大学に通ってちゃんと卒業したと信じてるよ。だから、うちの家庭内では学歴詐称《さしょう》なんだ」

まるで笑い話のようですが、三〇年近く経った現在でも、そのことは親戚中の誰も知らない秘密だそうです。

このお客さまが会社を大きくできた秘訣《ひけつ》があるとすれば、それは人材を見抜く目が確かだということです。

例えば、自分のところへ商品の売り込みにきたセールス担当者をスカウトしたことは何度もあります。

しかも面倒見のいい兄貴タイプですから、人望に厚く、その一方で自分が苦手な仕事は部下にどんどん任せます。その頼み方がとてもお上手で、自然と社員のやる気を引き出せるのです。

親を騙《だま》して作った創業資金とはいえ、今では二〇〇人以上の従業員がいる会社のオーナー社長。東京の田園調布に邸宅を構えていますから、個人的な成功の面でも十分に親孝行したことになるでしょう。その入学金と授業料が生んだ富は、数千倍どころではありません。もし、そのまま大学に入学していたら……と想像したくなる話です。

ビジネスやお金儲《もう》けは、学校の勉強とは別ものということは、大富豪を間近に見ているとよくわかります。それは日本に限った話でもないようです。

個人資産額で世界トップ10に入る外国人のお客さまも、学生時代にほとんど勉強しないどころか、親からもらった授業料を元手に投資を始めたと話していました。

投資がうまくいって資産が増えると、ある会社を自分のものにするため、そこの従業員たちに声をかけて、持ち株を個別に買い取ってまわったそうです。

「彼らにとっては、自分が勤める会社の株より、現金のほうが魅力的だからね。ちょっと飲み代を稼ぐつもりですぐに売ってくれたよ。国の経済体制が大きく変わる時期だったからできた方法さ」

その積み重ねでついには筆頭株主になるほど株を集め、会社のオーナーになりました。そこからさらに、世界トップクラスの大富豪になるまで富を増やしていくのです。

大富豪になる方たちは、たとえ入学金や授業料だろうと、目の前にまとまったお金があれば、自分がチャレンジしたいことの資金に見えるのかもしれません。

それは〝お金は投資してこそ生きる〟という哲学であり、常日頃から具体的なプランが頭のなかにあるからすぐさま注ぎ込めるのです。

引きこもりゲーマーから一五〇〇億円を動かす大富豪に

大富豪になる方たちは、人間関係を大切にするという点でほぼ共通しています。敵を作るような言動は慎み、相手が誰であろうと分け隔てなく交際し、地位のある人たちからは可愛がられて、部下や若い人たちからは慕われる、といったタイプです。

そう考えると、広くて深い人脈こそ、大富豪たちにお金を運んできているようにも見えます。

確かに、将来性のあるビジネスのアイディアや手堅い投資話は、人脈を通じてもたらされることも多いでしょう。ただ、なかには人付き合いと無縁で巨万の富を築かれた方もいらっしゃいます。

そのお客さまは、大学生の頃に、ひとり暮らしのマンションからほとんど出ない時期があったそうです。それというのも、家庭用ゲーム機で遊ぶ有名なゲームに出合い、すっかりはまってしまったからです。

大学の授業には出なくなり、自分の部屋で昼も夜もなくひたすらゲームに没頭する毎日。もともと大学に親しい友人はいなくて、キャンパスに姿を見せなくても、誰も気にしなかったようです。

しかし、大学を卒業しても仕事に就かない息子にあきれた親が仕送りをストップ。さすがに自分が置かれている状況がよくわかり、ゲームばかりしている場合ではない、と目が覚めたそうです。

「ネット専業の証券会社がいくつもできた頃で、たまたまインターネットで目に留まったのが株式投資でした。手元にあったお金は、お年玉やアルバイトで貯めていた五〇万円ほど。それを軍資金にしてネットトレーディングに挑戦したんです」

ネット証券会社に口座を開けば、自宅にいながら株の売買ができますから、人付き合いが苦手で外出が嫌いな方にはうってつけでしょう。

デイトレーダーともなれば、株式市場が開いている間はずっとパソコン画面の前に座っていますし、海外市場までウォッチすれば昼も夜もありません。そのお客さまにとってゲームに没頭していた頃と生活は大きく変わらないのです。

しかし、ゲームと違って投資は素人。五〇万円ほどあった資金はすぐ半分に減り、慌ててそこから本格的に投資の勉強を始めます。ゲームにはまったように、投資に熱中しはじめたのです。

株式投資を始めたタイミングもよく、一九九九年に始まったＩＴバブルの波をうまく捉えました。急成長したＩＴ企業の株が大きな利益をもたらします。五〇万円の元手でスタートしてから、わずか一年ほどで資産は三億円まで急激に増えたそうです。

ところが、その資金をさらに運用して一〇億円に達した二〇〇一年に、すっぱりとトレーダーをやめてしまいます。

「体力的に限界が来てしまって……。その二年間は投資先の研究に没頭して、ゲームに熱中していた頃より睡眠時間は少なかったかも」

この方が株式投資からいったん足を洗って間もなく、ＩＴバブルが弾けて不況の時代を迎えます。手仕舞いのタイミングも実によかったのです。

お金を使うといえば、たまにひとりで旅行したり、故郷の友人に会いに行ったりする程度。自動車も所有していませんし、派手に豪遊するのも性に合わないようです。服や小物を買うときも、外出しないでほとんどネット通販を利用していました。

ところが、久しぶりに会った友人たちから「そんなに投資が得意なら、出資するから増やしてくれ」と頼まれるようになり、デイトレーディングを再開します。

それがまたタイミングよく、日本経済が上向き出した頃。二〇〇八年のリーマン・ショックまでの五年ほどで、資産は一五〇〇億円まで膨らんだそうです。

私どものサービスを利用されたのは、メイドの紹介が最初で、当時は三〇歳を過ぎたばかりでした。それからは年に一度、お正月にひとりで海外旅行されるときに、私どもバトラーが通訳も兼ねて同行するサービスもご利用されています。

今は三〇代半ばですが、服装や持ち物はいたって庶民的ですし、暮らしぶりは質素といってもいいほどです。初対面で一〇〇〇億円以上の資産がある大富豪だと見抜く人はまずいないでしょう。

このお客さまは、親からの仕送りを止められ、「これから食べていくためにどうしようか」と考えたのが出発点でした。ここで慌てて適当なアルバイトを始めていたら、そのままフリーターの道に進んでいたでしょう。

初めから一攫千金《いっかくせんきん》を狙《ねら》っていたわけではなく、小さな利益を次の投資にまわす努力をコツコツ重ねていくうちに資産が増えていった、というほうが当たっているでしょう。ゲームと同じように、投資で勝つことが純粋に楽しいという面もあったと思います。一つのことに没頭して極めたことが、巨万の富をもたらしたのです。

人付き合いや表立った活動が得意でなくても、大富豪になれたという好例です。

東大卒なのに就職活動に失敗。その後入った会社を引き継ぎ大富豪に

私は親しいお客さまに「これだけの財産を築けた理由は何でしょうか？」と率直にお尋ねすることがあります。

すると、多くの大富豪が「運」とお答えになります。そう言われると、若きトレーダーのお客さまが投資を始めたタイミングも、いったんトレーダーをやめて再開したタイミングも、あとから考えれば確かに「運」がよかったという見方もできます。

しかし、成功の秘訣が「運」だと話される大富豪の方々は、そのあと必ず異口同音にこうつけ足します。

「運やチャンスは誰にでもめぐってくる。多くの人はそのめぐってきた運を見逃してしまうか、その運を摑み取る準備が日頃からできていない。どんな選択にもリスクはつきものだから、覚悟や決心も必要だ。もし大富豪になるための秘訣があるとすれば、**運を見逃さない眼力、日頃の準備、そして覚悟**かもしれない」

このようなお話を聞くたびに、大富豪の方々は、お金そのものよりも〝運の摑み方〟に関心を持たれているのではないかと感じます。実際、大富豪の方々はどなたもご自分の運だめしは大変お好きなのです。

日頃の準備と覚悟が必要ということの好例として、すぐに思い浮かぶ大富豪がいらっしゃいます。その方は東京大学工学部に通われていたそうですが、卒業までになんと八年間もかかったそうです。

「アルバイトしたり旅行したり、とにかく遊んでばかりだったよ。それでも、東大卒なら就職先は引く手あまただ、と高をくくっていたのが甘かった。いざ就職活動を始めてみたら、たとえ東大だろうと、遊び呆《ほう》けて卒業できなかった学生は警戒される。大手企業だけでなく、どこからも内定がもらえない。そのとき小さなソフト会社の社長に声をかけられて、『就職できるなら』とすぐ入社を決めたんだ」

いわば、就職先がなくて困っている学生が、面倒見のいい社長に拾ってもらったという話です。

当時その会社は社員一〇人ほど。ただ、プリンターを制御する特殊なソフトを開発して、その分野では高いシェアを誇っていました。

　ソフト開発者として働き、三年目を迎えた頃に転機が訪れます。社長が「自分はもう高齢だから引退する」と言い出したのです。社長には跡取りがなく、社員のなかから次期社長を選ぶことになりました。

　このとき白羽の矢が立ったのが、のちに大富豪となるそのお客さまでした。最年少の社員がいきなり「お前、ここ引き継ぐか」と言われたのです。

　その社長は、「一番若い人にバトンを渡したほうが、会社の将来まで真剣に考えてくれそうだ」と思ったようです。

　ほかの社員たちは、社長と同年代かせいぜい少し若い世代のベテランばかり。この選抜理由に納得したのか、反対する社員はひとりもいなかったそうです。

　当時、会社に負債があったことも、ベテラン社員が反対しない一つの要因でした。小さな会社は社長自ら個人保証しますから、次期社長はその負債も一緒に引き継がなくてはいけません。

「あいつババ引かされたな、と先輩たちは見ていたかもしれない。こっちはまだ二〇代だから、多少のリスクは気にならなかった。ちゃんと経営すればいいんだ、と気負いはありませんでした」

　こうして会社を引き継いだのが九〇年代半ば。それまでプリンターといえばオフィス用がほとんどでしたが、その頃から一般家庭にパソコンが普及し、年賀状印刷などができる安価なプリンターが大量に販売されるようになります。

その波に乗って、プリンター制御のニッチな技術も爆発的に需要が拡大しました。会社の売上と利益が急速に伸びていき、借金もすぐに返済できたのです。

現在は社員三〇人と会社規模は少し大きくなりましたが、ニッチな技術領域においては変わらずトップレベルであることは変わりません。

「先代の社長に言われたのは、社員たちが路頭に迷わないようにちゃんと経営して、次の世代にバトンタッチすること。だから、雇用を守ることを第一に考えてきた。あまり冒険をしなかったのがよかったのかもしれない」

このお客さまは、涼しい顔でそう話されます。このマインドがあったから、社長就任に反対者がおらず、先輩たちも応援してくれたのではないでしょうか。

会社が成長するにしたがい、社長の個人資産も増え、大富豪の仲間入りとなったわけです。運の摑み方に優れているだけでなく、運に逃げられない振る舞い方もよくご存知なのでしょう。

誰でも富を摑むチャンスを持っている

実際の例でご紹介したように、大富豪となった方々も、成功を摑む前はふつうの人だったことがご理解いただけたかと思います。朝に弱くて会社をクビになるような人でも、勉強嫌いや人付き合いが苦手な人でも、大富豪になるチャンスは摑めるのです。

ちょっと失礼な言い方かもしれませんが、「大富豪も昔はただの人だった」ということです。

大富豪になる方法は百人百様である一方で、大富豪になった方々と身近に接していると、いくつもの共通点に気づかされます。

それはお金に対する考え方であり、お金に向き合うときの姿勢といえるものです。それこそが大富豪に共通する〈お金の哲学〉です。

本書では、第一章から第四章まで「資産の増やし方」「お金の使い方」「人との付き合い方」「お金の哲学」のテーマに分けて解説していきます。

お金の縛りから解放され、豊かな人生を送っているのが大富豪です。テクニックで小金持ちになったところで、お金に縛られ、お金に翻弄される状態はつづきます。せっかくお金を手に入れても、幸福になれない人は世の中にたくさんいるのです。

私たちが、究極的に手に入れたいのは幸福です。大富豪は、この幸福をまっすぐに見すえ、お金が増える環境やコンディションを整えていきます。

そのような姿勢の大切さ、コンディションの整え方が少しでも伝われば嬉しく思います。

第一章

世界の大富豪の富を築く資産の増やし方

01 火をつけて燃えるものには投資されません

大富豪の投資には、人それぞれに独自の視点や発想があります。なかでも私が驚いたのは、「燃えるものには投資しない」という考え方です。これは、実際に火をつけて燃やしてみるのではなく、頭のなかでその投資商品が「燃える」かどうかを想像してみるという意味です。

大富豪はその真意をこう説明してくれました。

「災害や戦争など予期しないことが起きても、実体が残るもの、価値が大きく変わらないものは信用していい、という意味だよ」

紙幣は大火のなかで燃え尽きてしまいます。また、紙幣の価値を保証する国家が財政破たんすれば、紙幣は紙くず同然になります。現在の価値を失うという点では、燃えてなくなるのと同じです。

世界の歴史を振り返れば、ある国のお金の価値がほとんどなくなってしまったケースはいくらでもあります。ですが、今の日本で実際に〝万が一〟に備える人はそう多くないでしょう。

大富豪は、今、お使いの通貨の価値が無になってしまう状況を常に想定しているのです。そう考えるのは、政情不安定な国に住む大富豪だけではありません。日本にお住まいの方でも、本心では「円」を信用していないのです。

比較的、通貨として安定している「円」に対しても疑いの目を向けるのですから、毎日のように大富豪のところに持ち込まれる投資話には格段に厳しい目を向けます。

どんなにうまい話でも「燃えるか燃えないか」、つまり実体があるかないかを瞬時に見分ける目を養っているのです。

ですから、株や債券、保険といった一般的な投資商品も、頭のなかで「燃える」かどうかをイメージされています。

例えば、証券会社からある会社の株式をすすめられたときも「その会社が倒産したら、どのくらいの価値が残るのか？」と本気で考えます。

また、保険商品の提案があれば、「保険会社がつぶれても、この保険契約は大丈夫なのか？」と自問自答しているのです。そうやってふるいにかけられると、ほとんどの投資商品は残りません。

大富豪から選ばれるのは、**「普遍的な価値がある」と認められたものだけ**です。

その代表格が土地です。不動産投資がお好きな大富豪は、「この物件を燃やしてみたら価値は残るかな？　建物は燃えるけど、土地は残るな」と確認していました。社会の変動を受けても、それに耐え得るかを見極めているのです。

土地のほかには、金やプラチナも普遍的な価値があると認めます。たとえ今住んでいる国の財政が破たんしても、金やプラチナの価格が暴落することはないはずです。

物質としては、金やプラチナも相当な高温になれば溶けてしまうでしょう。それでも滅多なことでは消えてなくなりはしません。紛争や天災にも比較的、耐え得る投資商品だといえます。

また、形のないもので、そもそも燃やしようがないものにも投資なさいます。

例えば特許のような権利です。私のお客さまのなかにも、常に「購入に値する特許はないか」と探しておられる方がいます。

一般に、資産を増やそうとすれば、ある程度のリスクは仕方がないと考えがちです。一度に大きく増やすなら「ハイリスク・ハイリターン」でなければ無理だという話も聞きます。しかし、そんな言葉にあおられるのではなく、大富豪が投資商品を選ぶときの知恵を少し借りたいものです。

□価値が変わらない商品に投資する

戦争や天災に見舞われても、その投資商品はなくならないのか。

会社や国家が破たんしても、その投資商品の価値は残るのか。

大富豪のように「燃やして」みれば、今まで見えなかった隠れたリスクや、見落としがちなリスクに気がつくのです。

02

〝投資の勝率〟は一割でございます

金融商品に投資するとき、少しでもお金を儲けたいと思うもの。できることなら、毎回大きく儲けて勝ちつづけたいでしょう。ところが、ある大富豪は「投資で勝つ回数は一割で十分」と断言します。

その方は主に株式投資をされているので、「どんな株を買っていらっしゃるのですか?」と尋ねてみたところ、確かにどれも大きく値を上げている銘柄ではありません。ほとんどが現状維持の安定的な株で、なかには値が少し下がっているものも交じっています。

その方は、一〇回投資したら九回は損をしていました。それでも涼しい顔でこうおっしゃいます。

「絶対に負けたくないと思うと、価格が下がりはじめてもなかなか売ることができなくて、結局は大損することが多い。『勝つのは一割。九割負けてもかまわない』、そう考えると冷静な判断ができるんだ」

自分が持っている株の値が下がったら、せめて買ったときの価格に戻ってから売却しようという気持ちが働くものです。その結果、売りどきを逃してしまい、あげくには買い値よりずいぶん安い価格で売らざるを得なかった、という話はよく耳にします。

その大富豪は、株価が投資したときから一割下がったら、躊躇《ちゅうちょ》なく売ってしまいます。損切りが早いのは、多くの大富豪の共通点です。

しかし、いくら損切りがうまくても、どこかで勝たなければ財産は目減りする一方です。大富豪がすごいのは、一回の勝ちで九回の負けを補って余りある利益を出すところです。私のお客さまにも、投資した額の一〇倍、一〇〇倍と増やす方が少なくありません。

肝心なのは、数少ない勝ちで大きく儲けるコツです。投資上手で知られる大富豪はこう話していました。

「大切なのは売るタイミングだ。少し値が上がったからとすぐに売ってしまっては、たいした儲けにならない」

その方は、持っている投資商品の価格が上がりはじめると、〝上昇角度〟に目を凝らします。現在の価格がいくらか、買い値からどれだけプラスになったかは重要ではない、と言います。上昇のエネルギーを読んでいるのです。

「株でも不動産でも、一気に値が上がって、そのトレンドが長く続くときがある。〝上昇気流〟が起きている時期だ。今がそのときだと判断したら、売るのはしばらく我慢する。この我慢が一番難しいんだ」

価格が最も高くなるピークを捉えて、つまり値上がりから値下がりに転じる直前に売り抜けることは一般の投資家にはまずできない芸当です。その一方で、価格が落ちはじめて慌てて売ると、あとで再上昇して悔しい思いを味わうこともあります。その方は、もう上昇気流の勢いが衰えたと判断したときに思い切って手放しているのです。

「上昇角度が鈍り出しても一回目は待つ。その次にもう一度、角度が緩やかになったら売ることに決めている」とコツを教えてくれました。

値段が一割下がったら売るという損切りのルールと同じで、利益確定のタイミングについてもルール化しているのです。そうすれば、相場の状況に流されて判断がブレてしまうことを防げます。

たとえ投資額は小さくても、このような大富豪流の投資術を見習うことはできます。投資の九割は負けるものと心得ておけば、冷静に売りどきを捉えることが可能です。

□投資は九割負けると思えば、相場に流されない

03 松竹梅で迷われたら、梅を買われます

うな重に松竹梅があるように、投資商品にも松竹梅があります。**大富豪は「迷ったときは梅を買う」と言います。**なぜなら、梅のほうが得な場合が多いからです。

わかりやすい例が、投資用マンションです。大富豪の方々は不動産に投資するのを好まれ、投資用マンションもよくご購入なさいます。その投資用マンションも、部屋のタイプや条件によって、ずいぶん価格が違うのです。

よくマンションの売り出し広告に「最多価格帯四六〇〇万円」などと書かれていますが、それは全戸のなかで最も戸数の多い価格の話です。

実際のマンション物件は、最低価格は二九八〇万円、最高価格は五八八〇万円といった具合に、一番安い部屋と一番高い部屋の価格がかけ離れているケースが多々あります。つまり、投資用マンションにも松竹梅が存在するのです。

有り余るほどの資産をお持ちの大富豪ですから、一番高価な部屋を買うのだろうと想像

されるかもしれませんが、意外にも、一番安い部屋を選ばれることが少なくないのです。一番高い部屋が一番いい部屋であることに疑いはありません。それでも、あえて安い部屋をお買いになるのです。

あるお客さまは「東京オリンピックに向けて会場近くの投資用マンションを買っておこう」と物件を探されました。このとき最終的にご購入になったお部屋が、分譲マンションのなかで最も安い物件でした。

「どうしてハイクラスのお部屋にしなかったのですか?」とお尋ねすると、「迷ったときは、一番安いものを買うことにしているんだ」と言って、こう話をつづけました。

「もちろん一番高い部屋がとても気に入れば迷わず買う。でも、とりあえず投資しておこうかというときは、一番安い部屋だ。一番高いものにはプレミアム価格が乗っているんだ」

この方は、ある商品の販売会社を経営しているので、売り手の論理がわかるのです。

また、下落率が小さいことも梅を選ぶ理由です。

「一番高い部屋はプレミアム価格になっている分、景気が後退したときには大きく値が下がる。その点、一番安い部屋はプレミアムが乗っていないから下落率も小さくて、その点では一番バリュー(価値)がある」

大富豪は、価格が上がる局面だけでなく、下がるときのことも考えて投資商品の価値を見極めているのです。

面白いことに、人を雇うときも、大富豪は松よりも梅を選ばれます。実績のある即戦力のエキスパートよりも、例えば学校を卒業してきたばかりの人を好むのです。すぐに結果を出してくれるエース級のほうがよさそうですが、大富豪の考え方は違うようです。

「経験豊かなエキスパートを年俸二〇〇〇万円で雇うより、五〇〇万円で雇える新卒に賭《か》けるよ。五〇〇万円の新人なら同じ投資額で四回失敗できるじゃないか」

大富豪は、人材への投資でもプレミアム価格を常に意識して、肩書や経歴に惑わされることはありません。

このようにプレミアム価格に気がつくか、気がつかないか、それだけでも投資商品の価値判断は変わります。どれにするか迷ったときには一番安い品を選ぶと買いやすく、売りやすい選択ができるのです。

□迷ったときは〝梅〟を選ぶ

04 決済専用の口座をお作りになります

大富豪はさまざまな銀行から「口座を作ってください」とお願いされるので、いくつもの口座を持っています。ですが、たいてい決済用に普通預金の口座を一つだけ用意され、ほかの口座は定期預金にしています。

大富豪が決済用口座に入れているのは、一カ月分の生活費だけです。役員報酬や不動産収入などが振り込まれるのは別の口座です。

私は以前、自分の給与の受け取りと生活費などの支払いを同じ口座で管理していて、大富豪から注意されたことがあります。

「収入と支出が一緒になっていると正確に家計がコントロールできないだろう。一カ月の生活費をきちんと計算し、決済用口座から引き落とされるだけにしておけば、自分の見込みが正しいかわかるし、無駄な買い物もしないですむはずだ」

確かに、月半ばでお金に余裕があると、少し高いレストランに行ったり、新しい服や靴を買って浪費してしまいがちです。

大富豪の家計コントロールの腕前は見事なものです。

私は時々お客さまに頼まれて、通帳と印鑑をもって銀行の手続きに行くことがあります。そういうときに、「今月の生活費が足りないから、ちょっと別の口座から移してくれないか」といったご依頼を受けたことはまずありません。それは、大富豪が一ヵ月の生活費と見込んだ額を超えて使うことが滅多にないからです。

こう話すと、「大富豪だから、常に口座には預金保険の対象になる上限いっぱいの一〇〇〇万円近く入っていて、いくら使っても足りなくなることはないのだろう」と思うかもしれませんが、それは違います。月末に口座のお金が大きく余ることもないのです。それどころか、月の最終日には、三〇〇円とか四〇〇円といった少額しか残っていません。

大富豪は、一ヵ月の生活費を数百円単位で正確にコントロールしているのです。

大富豪の家計管理手法を取り入れることは、私たちにもメリットをもたらします。

まず、普通預金の口座を入金用と決済用にきちんと分け、毎月、決済用口座に入れただけの額で生活していきます。

そうすれば、何にいくらかかっているのかがよく把握できますし、無駄遣いすることも少なくなるでしょう。

慣れてくれば大富豪のように月末の残高は数百円のみという状態になるはずです。それだけ正確に計算できれば、給料が出た時点で貯蓄や投資に回せるお金も決まるので、計画的に投資資金を増やしていけると思います。

□収入と支出の口座は別々に分ける

05 遊びも投資の一つとお考えになります

大富豪の方々の趣味でポピュラーなのが、ゴルフや、クルーザーの船遊びです。不思議なことに、その遊びが後のビジネスに繋がっていくケースが少なくありません。遊びも投資の側面があるのです。

ゴルフは何人かでラウンドするため、長い時間一緒にいるうちにすっかり打ち解けて、ビジネスで提携しようという話も出てきます。

また、クルーザーも大富豪がひとりで楽しまれるというより、どなたかをお誘いすることが多いものです。これも船上でゆっくり会話ができますから、仲が深まる絶好の機会といえます。

といっても、大富豪は人間関係を築いたり、ビジネス提携したりすることを目的に遊んでいるわけではありません。遊ぶときは純粋に楽しんでいます。ただし、**その遊びが先々、ビジネスに役立ってくるということを経験上、よくご存知なのです。**

ユニークな遊び、趣味を活かして、人間関係を深めておられる方もいます。

ある大富豪は、山菜採りを人脈作りに活かしています。その方は山菜のシーズンになると、自分が所有している山にいそいそと出かけて、収穫したものを持って帰ります。そして、「うちの山で採れたタケノコだけど、よかったら食べてよ」といった感じで、知り合いに配って歩きます。

こういうおすそ分けは、百貨店などで買ったものをいただくよりも、ずっと心のこもったものとして受け止められます。

趣味で採ったものなら、いただいたほうも気兼ねがありません。こういった贈り物一つで、相手との距離がぐっと縮まるでしょう。


また、別の大富豪は、貝殻の収集を趣味にしています。南太平洋の島々やオーストラリア、遠くは南米まで出かけて行っては世界中の珍しい貝殻を集めてきます。趣味自体はマニアックですが、同好の士が見つかったときは強い絆《きずな》が生まれます。

その方がいろんなところで、「私は世界中の貝殻を集めるのが趣味です」と話していると、たまに「私も貝には興味があるんですよ」とか、「私は海洋学部の出身で、貝の生態について学んでいたんですよ」という方が現れるそうです。

その出会いのなかに、大切なビジネスパートナーとなる方が見つかる場合もあります。

「先日、私がよく貝殻拾いに出かける海岸のことを話に出したら、相手はそこに別荘を持っているると言ってね。ぜひ、遊びに来てください、と誘ってくれたから出かけてきたよ。話しているうちに、今度一緒にビジネスを始めようということになったんだ」

徹底して遊んだり、自分の趣味を追求したりすると、そこから新しい人間関係が生まれ、ビジネスに繋がっていくことがよくあるのです。私たちも、自分の趣味を究める意義は大いにありそうです。

自分がマイナーと思っている遊びでも、同好の士が見つかるとすっかり意気投合してしまうこともあるでしょう。趣味や遊びに投資することは、意外な人との出会いや、思いもよらぬ人脈に繋がっていく可能性を秘めているのです。

□遊びや趣味にも投資の側面がある

06 投資商品は、売られていないものをお買い求めになります

大富豪のところには、証券会社や銀行の営業マンがよく訪問してきて、株や債券をすすめます。

しかし、営業マンが提案するままに大富豪が投資商品を買うことはありません。大富豪は、**人からすすめられる投資商品は、買っても得をしないと知っている**からです。

「相手が持ってくる投資商品は、相手が得をする商品。私たちがそれを買っても手数料を取られるばかりで儲からないんだ」と大富豪はおっしゃいます。

最近は銀行や郵便局の窓口で株や投資信託が買えるようになりましたが、大富豪が窓口で購入することはまずありません。

大富豪が投資商品を買われるときは、自ら証券会社や銀行に足を運びます。ある方が、こっそりとその理由を教えてくれました。

「証券会社や銀行は、本当においしい投資商品は隠しているんだよ。私たちはそういう投

資商品を少し分けてもらうわけだ」

よい例が新規公開株（ＩＰＯ株）だと言います。

「表向きは証券会社に口座を持っている人で抽選することになっているが、上客には優先的に割り当てているんだ。株だけでなく、社債にも優先割り当てがあるよ」

大富豪は一般に出回らない株や債券に投資しています。それが、自分たちにとって利益を生む真の投資商品であると知っているからです。

多くの人になじみのある定期預金も、大富豪は相手の〝言い値〟で預けることはありません。銀行に行くと、定期預金の金利が張り出してあります。窓口で、「定期預金にしてください」と言えば、その店頭金利で決まってしまいます。

今は超低金利の時代ですから、都市銀行やゆうちょ銀行などは、一年物で〇・〇二％とか〇・〇三％といったわずかな金利しかつきません。

大富豪は店頭金利に見向きもせず、必ず銀行と交渉をされます。そして常に、店頭金利以上の数字を引き出しているのです。

交渉の末、少なくとも店頭金利に対して二〜三割は上乗せに成功します。預金額によっては、〇・〇二％を〇・二％まで、さらには一％までの引き上げに成功するケースさえあるのです。

私たちも、銀行が公表している金利で預金する必要はありません。「金利は選べるもの」と考えるだけでも、投資の幅が広がるのではないでしょうか。

□簡単に買えない投資商品を探してみる

07 持ち家はございません

大富豪はご自宅のほかに、いくつも別邸を持っています。なかには、世界五〇カ所以上に別邸がある方もいます。

しかし、それらをご自身で所有しているわけではありません。実際の所有者は、大富豪の管理会社であったり、経営している会社の社宅や保養所の扱いになっています。

大富豪は家を所有することにこだわりません。それどころか、自分が今現在、住んでいる家であっても、高い値がつくなら売ってしまおうと常に考えています。つまり、**大富豪にとって家は投資商品**でもあるのです。

投資商品であるからには、売りやすく、値下がりしにくい物件が好まれます。とりわけ、大富豪が好むのは中古住宅です。中古物件を購入し、リフォームやリノベーションをして、そこに住んでいます。

新築物件ではなく、あえて中古物件を購入されるのは、建ったばかりの家であっても、わずかな期間住むだけで価値が下がってしまうことがあるからです。大富豪は、**「新築物件なんて住みはじめた途端に価格が三割以上も下がってしまうものだ」**と語ります。

その点、中古物件なら、住んですぐに価格が下がることはないでしょう。それに、高価な新築物件は40ページでも触れたように、実際の価値以上のプレミアム価格になっていることが多いものです。中古にはそんなプレミアムも存在しません。

大富豪は、価値が定まった中古物件を新築よりはずっと安い価格で購入し、リフォームやリノベーションで価値を高めます。売却時には、改築・改装にかかった費用を差し引いても、利益が出ることが多いのです。

ある大富豪は、地下の部屋が大雨で水没したことのある四階建ての物件を購入しました。買ったときは、湿気がひどく、カビも生えていました。ふつうなら手を出さない物件でしょう。

大富豪はこれを格好の投資物件と踏んで、かなり安く手に入れたのです。そして、水や湿気が入り込まないように防水・防湿工事を施し、自分でお住まいになっています。

「この家を売却すれば、購入代金に改修代を加えた以上の高い値がつくはずだ」と嬉しそうに話されていました。

少し手を入れれば、十分に投資に値するものになるのです。

投資物件なら自分で住まずに、すぐに貸してしまえばいいのではないか、と思った方もいるでしょう。しかし大富豪は「不動産を選ぶ目を養う意味でも、まずは住んでみるんだ」と言います。

投資物件に住んでみると、さまざまなことがわかってきます。例えば、都心のマンションは周辺が騒がしいと思われがちです。ところが下の階がオフィスになっているマンションなどは、夜は静かなものです。たとえ日中はにぎやかであっても、昼間、働きに出ている人ならあまり関係がないでしょう。むしろ家でゆっくりとくつろぐ時間帯が静かであるということは一つの価値になります。

また、都心にある病院は、土日夜間でも緊急外来で診てもらいやすいという利点があります。そのため、小さなお子さんを持つ家庭にとっては都心のマンションは安心して暮らせる物件といえます。

「住んでみると、その立地や住居・部屋の長所や欠点が見えてくる」と大富豪は言います。

その体験を、次のマンション購入に活かしたり、リフォームやリノベーションの参考にするので、マンション投資が一層うまくいくのです。

住まいを〝投資〟の観点から見直してみると、また新たな発見があるものです。例えば、これから家を購入しようと考えている人は何も新築にこだわる必要はなく、**価値が下がりにくい中古を買って、手を入れてみるというのも一つの考え方**でしょう。

同じ住まいでも、購入とリフォームなどにかかった費用を上回る価格で売れるのであれば、いつでも換金できる資産を持つことになるのです。

□住宅を投資の観点から考える
□中古物件の価値をリフォーム、リノベーションで高める

08 何を買うのか、常に考えておられます

大富豪は商品でもサービスでも、購入するときに「何に対してお金を払うのか」「お金を支払うことによって何を得られるのか」を常に考えています。

例えば、ペットボトルのウーロン茶をコンビニで買えば、コップ一杯分はせいぜい二〇〜三〇円ぐらいです。同じコップ一杯のウーロン茶を高級ホテルのラウンジで頼めば一〇〇〇円を超えることもあるでしょう。仮に同じ茶葉だとすれば、喉の渇きを潤すという意味では、ずいぶんと金額に差があるものです。

しかし、「ホテルで飲む二〇〇〇円のウーロン茶はまったく惜しくないな」とおっしゃる大富豪がいます。その方は、「ウーロン茶そのものを買っているのではない」と言います。

「このホテルでウーロン茶を飲むのは、素晴らしい眺めと、くつろげる雰囲気があるからなんだよ」

高級ホテルの落ち着きのある佇《たたず》まいや、そこでゆったりと過ごせる時間にお金を払って

いるのです。ご自身が何に対して投資しているかを明確に意識しているから、ウーロン茶一杯に惜しみなく二〇〇〇円を払うのです。

別荘でしばしば鍋《なべ》パーティーを開かれる大富豪も、何にお金を払っているかを見極めているひとりです。

その方は、社員二〇人を東京のオフィスから遠方の別荘まで引き連れていき、鍋パーティーを催します。鍋料理ですから、材料費は五万円もかかりません。

しかし、社員を運ぶために借りる大きなバスの費用や、パーティーの準備をする私ども執事の費用が発生します。そちらのほうがずっと高額で、トータルすると一〇〇万円ほどかかってしまうのです。

総額を参加人数で割るとひとり当たり五万円ですから、東京の高級レストランでかなり豪華な食事が楽しめます。

せっかく一〇〇万円かけるなら、そうしたほうがいいのではないですか、とおすすめしたところ、「違うんだよ」と大富豪は首を振りました。

「私の別荘に招くことに意味があるんだ。ただ食事するだけじゃなくて、きれいな景色を眺めて、ここにあるゴルフの練習機などで遊んでもらいたいんだよ。自分も頑張れば、この別荘ぐらいは持てるようになると思ってほしいんだ」

大富豪が投資していたのは、鍋パーティーではありませんでした。社員たちが夢を描き、仕事に対してモチベーションを高められるようにすることが目的だったのです。つまり、一〇〇万円は社員の教育費用でした。


お金を使うときは一つの側面しか見ないことが多いものです。

例えば、喉を潤すためにお茶を飲み、お腹が空いたらご飯を食べる、といった側面です。しかし、お茶や食事でも、大富豪のように雰囲気や気分を楽しんだり、人材教育に活かすこともできます。

お金を使うときは、自分にとって本当の価値はどこにあるかを考えるクセをつければ、投資のセンスが磨かれていくはずです。

□常に、何にお金を払っているかを意識する

09 投資したものは、現物を自分で管理されています

前述したように、金やプラチナは大富豪から「燃えない」という理由でたいへん好まれる投資商品です。その貴金属の保管は、銀行の貸金庫や貴金属会社に預けたほうが安心だと思われがちですが、大富豪はそうとは考えません。

「保管してもらっている貴金属会社や銀行が倒産したら、私の財産はどうなるんだ。万が一ってこともあるだろ」と言います。

貴金属会社や銀行に預けるよりも、自分で管理したほうがリスクは低いと考えているのです。セキュリティ面でも、「自分で管理したほうが銀行の貸金庫より安全だ」と自信たっぷりです。確かに大富豪の金庫は、そう思わせるだけの防犯対策が施されています。

私が見た金庫は、三畳ほどの広さでした。金庫の入口は隠し扉のようになっていて、知らなければ誰も気づきません。金庫を開けることができるのは、本人と家族だけです。防犯センサーも完備されています。

そうやって強固なセキュリティで守られているものは貴金属ばかりではありません。ある飲食チェーンを経営する方は、料理のレシピを金庫で保管されていました。見た目はたった紙一枚です。しかし、そのレシピで一大チェーンを築いたのですから、本人にとっては金やプラチナ以上に価値のあるものなのです。

大富豪が、金やプラチナなどの現物を自ら保管する理由がもう一つあります。それは、資産の価値を実感するためです。

自分で保有していれば、資産の移り変わりが目に見えてわかります。

「金を売りすぎたな。補充しておくか」

「ちょっと金のほうが増えすぎたな。プラチナを買い増ししておくか」

というように、財産が〝見える化〟されているので、資産のバランスが悪くなっても、すぐに対応できます。そして何より、見える化は仕事のモチベーションを上げる役割を果たします。

「金やプラチナが目減りしてきたときは、もう少し頑張って稼ごうという気持ちになるんだ」と大富豪は言います。

資産の増減を直《じか》に見ることで、働くモチベーションを上げ、さらに稼ぎを増やしていきます。大富豪は富を増やすための、実によいサイクルを持っているのです。

サラリーマンの場合、今は給料が銀行振り込みになってしまい、現金を受け取ることはほとんどなくなったので、現物の実感を得ることは難しくなりました。それでも工夫次第で、資産を実感することは可能です。

例えば、給与やボーナスの何%かを充てて金やプラチナを買ってみます。あるいは外貨を少し購入するのもいいでしょう。それを現物として自宅に保管してみるのです。大富豪のような三畳の金庫は無理にしても、小さな金庫を買って、そこに貴金属や外貨を入れてみます。

少しずつ、金やプラチナが増えていけば、もう少し買い増ししたいという気持ちになると思います。それが働くモチベーションとなるのは大富豪と同じです。その結果、稼ぎが多くなっていく可能性は十分あるでしょう。

□投資商品の保管リスクを考慮する

□金やプラチナなどの現物を見ると、仕事へのモチベーションが上がる

10 一円玉が一番の投資商品であることをご存知です

一円玉を集めるのが大好きなある大富豪は、ご自宅の金庫でとんでもない枚数を保管されています。数えたことはありませんが、おそらく一億円以上あるのではないでしょうか。一円玉を一〇〇枚持って銀行に行けば、一〇〇円玉に替えてくれます。その方は逆に、銀行で定期的にお札を一円玉に替えてもらって、金庫に入れているのです。

金庫のなかに一万円札が束になって積まれている、というならわかります。ところがお札ではなく一円玉なのです。誰でも「どうして、一円玉を集めておられるのですか」と聞きたくなるでしょう。

大富豪は真顔でこう説明なさいます。

「一円玉一枚作るのにいくらかかると思う？　アルミの材料費と製造費を合わせると二〜三円くらいだ。額面より価値があるんだよ」

ほかの貨幣や紙幣は額面よりはるかに安いコストで作れます。**唯一、一円玉のコストは、**

額面を上回っているのです。大富豪はそこに価値を見出していました。

また、大富豪は「一円玉を集めることが最悪の事態に備える防衛策」とも考えています。「日本の通貨制度が崩壊したら、お札などは紙くずになってしまうだろう。一円玉は貨幣としての価値を失っても、アルミとしての価値は残る。国が破たんしたら、材料として売ればいいいんだよ」

現在、アルミの国際価格は一キログラム二一〇円程度です。一円玉と同じ一グラムに直すと〇・二円ほどですから、アルミ地金の価値のほうが小さいわけです。

それでも、国が混乱するほどの事態になれば、インフレになり、アルミの価値が高まってくる可能性はあります。

また、大富豪は自国の通貨に印された数字を信用していません。ロシアや中国の大富豪は日本の大富豪以上に慎重で、資産をドルなどに替えて海外に持って出たり、できる限り金やプラチナに替える方が少なくありません。

政治や経済が不安定な国で、自国通貨がリスクにさらされていると考えることは、大富豪にとって当たり前の感覚なのです。そう考えるのも、大富豪の投資の基本スタンスと深い関係があるからです。

大富豪は、長期にわたる資産形成を視野に入れています。長期とは一〇〜二〇年程度の期間ではなく、孫やひ孫の代までです。だからアメリカという自由と民主主義を標榜《ひょうぼう》する超大国に対してさえ、「まだ歴史の浅い国だから、この先、何が起きるかわからない」という感覚をお持ちです。

一円玉を集めるという行為は、大富豪の先の先までを見通した投資の象徴といえます。その方が一円玉を集めるようになったのは、けっしてお金持ちになってからではありません。ずっと前から何十年もつづけているそうです。若い時分からイザというときに備えたリスク管理を考えてきたのです。

私たちが自宅の金庫に一円玉をたくさん保管するのは現実的ではありません。しかし、大富豪のリスク管理の考え方を取り入れることはできます。

例えば、今はさまざまな国の通貨を買うことができます。そのときに**金利の高さだけに惑わされず、通貨を発行した国の信用を考えてみる**のです。

その国が戦争状態になったり、財政破たんに至る危険はないだろうか、通貨を無計画にどんどん発行していないかと考えてみます。それだけでも、通貨の安全性が正しく捉えられるでしょう。

また、どの通貨が信用を失うか、予測がつかないこともあります。そこで、**比較的安全と思われる、いくつかの国の通貨を複数持てば、リスクに強い投資**になるでしょう。

一円玉を大切にする習慣からは、日本国の通貨であっても、長い歴史のなかでは価値が変わるということまで考えて投資をしなくてはいけないという教訓が得られるのです。

□長期のリスクを見越した投資を考える

11
記念硬貨の価値を知っていらっしゃいます

金やプラチナと同様に、記念硬貨も大富豪が好まれる優良投資商品です。大富豪のなかには、記念硬貨が発行されると、数百枚から一〇〇〇枚もまとめ買いなさる方がいます。その方は、銀行マンが訪ねてくるたびに、「今度の記念硬貨はなんだね」とお聞きになるので、最初はてっきり趣味で集めていらっしゃるのかと思いました。ところが、きっぱりと「趣味ではない」と言います。

「記念硬貨は元本が保証されている上に、そのあとで値上がりするケースも多いから、これほど投資に適したものはないんだ」

記念硬貨が値上がりすれば、コイン商などに売って利益が得られます。とりわけ、発行時に話題になった金貨や、発行枚数がかなり限定された金貨などは値上がりの率が高くなる傾向があります。

例えば、一九九〇年に発行された天皇陛下御即位記念一〇万円金貨は、現在の価値は一三万円強。九九年発行の天皇陛下御在位一〇年記念一万円金貨は驚くことに九万円前後と九倍になっています。二〇〇二年のＦＩＦＡワールドカップ日韓共催記念一万円金貨も六万〜七万円です。

これらの買い取り金額は、ある時期の、しかも限られた情報のなかでの価格ですから、全部が全部正しいとはいえません。それでも、大富豪が**「記念硬貨は最上の投資商品」**と言う理由はよくわかります。

記念硬貨は、私たちが思っている以上にたくさん発行されています。残念ながら、すべてが値上がりするわけではありませんが、それでも大富豪は記念硬貨の投資価値は大きいと考えています。

なぜなら、記念硬貨は値上がりしなくても、額面の価値が保証されているところが一番の魅力だからです。

大富豪は、自分の資産を減らさず、守ることが資産形成では最も大切だと考えているので、値上がりする投資商品と同程度以上に、価値が目減りしない投資商品に重きを置くのです。

大富豪のように金貨を数百枚も購入するのは難しいとしても、一〇〇万円を定期預金に入れるならば、一〇万円金貨を一〇枚買っておく手もあるでしょう。

元本が保証されているのですから、預金並みに安全で、プレミアムがつくかも、という楽しみもあります。

私たちも大富豪にならい、安全かつ、場合によっては大きく値上がりする投資商品がないかと、日頃から目を配りたいものです。

□ローリスク・ハイリターンの投資商品を見極める

12
最大の投資は、節約であることを知っていらっしゃいます

大富豪は、お金を増やすことよりも、余分な支出を削ることを大切にします。

「資産を一割増やすことはすごく難しいけれども、支出を一割減らすことは意外と簡単なんだ」と考える大富豪が少なくありません。どれほど大富豪が節約に力を入れているか、そのよい見本があります。

二〇〇八年に起きたリーマン・ショックで、一気に全資産の三分の一を失うほどの痛手を受けた方がいます。その損失を補うために、景気回復後に向けて積極的に投資されるのかと思ったら、実際は逆でした。

その方は、徹底的な節約を心掛けたのです。国内に何軒も家をお持ちなので、私ども執事に対しても、「わが家の維持管理費をどうやったら減らせるか一緒に考えてくれ」と、アイディアを求められました。

大きく節約できそうなものに、クルマの管理費用がありました。年に数回しか乗らない自動車でも、一週間に一回程度はエンジンをかけて走らせないと調子が悪くなってしまいます。

それまでは、クルマを動かすだけのために、外部の会社に頼んでいました。その費用を節約するために、私どもが代わってエンジンをかけることになりました。

さらに、ご自宅のプールの水も抜きました。プールをいつでも使えるようにするには、水を循環させておく必要があります。水道代やモーターを動かす電気代だけで月に四〇万～五〇万円はかかるのです。年間で五〇〇万円にもなるのですから、大きいコストといえます。

クルマのエンジンをかける手間賃や、水道代、電気代など、毎月継続的に出ていく費用はランニングコスト（維持費）といわれます。

フィナンシャルプランナーは、「家計の節約はまず保険料や携帯電話料金などのランニングコストから手を付けると効果的」と言います。大富豪はそんなアドバイスを受けるまでもなく、**月々出ていくコストから削ることを蓄財の基本**と心得ているのです。

次に、大富豪が手を付けるのが、飲食代です。

大富豪ともなると、さまざまな方と会食をしますし、たくさんのパーティーに呼ばれます。ディナーやランチをご一緒する方もそれなりの財産をお持ちの人たちばかりですから、ときには飲食費が相当な額になってしまうこともあります。

リーマン・ショックで資産が減ってしまった大富豪は、あまり気の乗らない会食やパーティーは、失礼がないように丁重にお断りになっていました。

普段、ご家族と召し上がるディナーも贅沢《ぜいたく》はしません。もともと大富豪には貧しい生活から這《は》い上がってこられた方が多く、質素な生活には慣れているのです。

ある方は「私の貯めたお金は、ほかの人たちよりも水準の低い生活を送ってきた結果だ」と話されました。

その方の節約ぶりは半端ではありません。若い頃、水道代を節約するために、自宅ではできるだけトイレを使わないようにしていたといいます。

ところが、上には上がいるものです。水道局に連絡して自宅の水道を止めてもらった方もいます。たとえ水を使わなくても基本料金はかかりますし、上水道に連動して下水道代も支払わなければいけないから大変な無駄だというのです。

お風呂は友達の家で借りていたそうです。若くてまだ給料が安い頃から、そこまで徹底してお金を貯めていたのです。

お金が減ったときに節約する習慣は大富豪の身に沁《し》みついています。そういう方と一緒に食事をしたときに、大富豪らしい教訓をいただいたことがあります。

あるとき、高級フレンチ店で、大富豪とランチをご一緒する機会がありました。大富豪は気前よくご馳走《ちそう》してくれることがほとんどですが、このときはその方から「割り勘にしましょう」と言われました。

大富豪が注文されたあと、私も同じ料理を頼みました。相手につづいて同じものを注文するのはごくふつうの振る舞いだと思っていたからです。

料理が運ばれ、食べはじめると、その方から「君はなぜ、私と同じものを食べているんだね？」と尋ねられました。

「同じ料理をいただくほうがよいと思いまして」と私が答えると、思いがけない言葉が返ってきました。

「君と私では持っている資産の額が全然違うじゃないか。そんなことをやっているとお金は貯まらないよ。もし、君の資産が私の一〇〇〇分の一なら、本来は一〇〇〇分の一のものを食べないといけない」

実際、食事でそこまでの差はつけられないでしょうが、そのくらいの気持ちでいないとお金持ちにはなれないということです。きっとこの大富豪は、このことを教えるためにあえて割り勘を提案したのでしょう。

もしも、給料が安くてお金が貯まらないと嘆いているなら、一度徹底した節約に挑戦してみてはどうでしょうか。

ランニングコストのなかには、目につきにくい無駄もあります。例えば、ほとんど使っていないクレジットカードの年会費や、ネット上でコンテンツやサービスを利用するための年会費などです。一つひとつは少額でも、集めればけっこうな額になります。

周りの人と同じだけお金を使う習慣の見直しも必要です。他人が一〇〇〇円のランチを食べるなら、自分は五〇〇円に抑えるという節約の心を持つということです。

大富豪がそうであるように、徹底した節約は将来の可能性を広げるものだと考えてはいかがでしょうか。

□徹底した節約が蓄財のコツ

13 経験のない投資は三カ月間保留されます

大富豪には、儲かると思えば、即断即決で投資するというイメージがありますが、実際は、投資の決断に時間をかける方も少なくありません。

とくに、初めて買う分野の投資商品や金額が大きい投資、あるいは予測が立てにくい投資では、必ず一度、決断を保留します。ユニークなのは、**その保留期間が、いつも三カ月**だということです。

ある大富豪は、先物取引の話を持ちかけられたとき、とりあえず三ヵ月間、決断を先送りされました。

「保留している間、頭のなかに『先物取引』というキーワードが残る。それからは、新聞や本を読んでも、人と話をしても先物取引の情報を気に留めるようになるんだよ」

大富豪の学習能力はすごいもので、三カ月もすると投資商品の特徴やリスクは、専門的な領域まで理解できるようになります。その間に、投資対象としての価値を見抜く能力が身についているのです。

投資は、即決することによって大きな利益が得られるケースがある一方で、焦らずに情報を収集することで正しい判断ができる場合もあります。

会社のM&A（吸収合併）や不動産を買うときも、直感的に「いける！」と判断すれば大富豪は話を進めますが、迷いがあればやはり三カ月間保留されます。それで買い逃してしまうこともあります。逆に、その三カ月間で買い値が下がるケースも同じくらい多いものです。

売り手側は「今が買いどきです」「こんな掘り出し物はありません」「別のお客さまもご検討中です」と、あおり文句を並べます。それはセールスの常とう句で、三カ月後に見に行くと売れ残っていて、値が下がっていることも多いわけです。とくに不動産では、一～二年間、買い手がつかないというケースも珍しくありません。

大富豪は値下がりした不動産が得であると思えば、そこで購入を決断します。**待つことを利益に変える**のです。

大富豪が実践する「待つ」投資姿勢は大いに見習いたいものです。

少額の商品だと、何軒もお店を回って比較し、割引率にこだわっても、住宅や保険、クルマといった大きな買い物だとセールスマンのすすめるままに、よく検討しないで買ってしまうことが少なくありません。

例えば分譲マンションの購入で、セールス担当者に「たいへん人気で、残り物件はあとわずかです」とせかされて、慌てて飛びついたものの、一年後に売れ残り物件がかなり割り引かれて売りに出されていると知ってガッカリした、という話はよく聞きます。

ここで買わなければ損をするのではないかと焦ったときは、大富豪の「三カ月間保留する」ルールを思い出したいものです。

□投資で迷ったら、三カ月間保留する

第二章

世界の大富豪の富を築くお金の使い方

01 一杯一〇〇万円のワインを飲んで五〇億円稼がれます

大富豪は、しばしばパーティーを開催されます。ビジネスを通じて顔見知りになった人たちを招いて、とっておきのワインを振る舞うのです。

大富豪が主催するパーティーですから、用意するワインはいずれも稀少《きしょう》な銘柄揃いです。なかには一本のボトルが数百万から一〇〇〇万円という超プレミアムなワインも交ざっています。

雑談の合間、大富豪は頃合いを見計らって「このワインは、皆さんもご存知の〇〇さんのご協力によって、一〇〇〇万円で調達してきました」などと、さりげなく値段を披露します。

「ワインの値段をわざわざ告げるのは、何ごとにも控えめな大富豪らしくないのでは？」と思われるかもしれませんが、そこには狙いがあります。

値段を聞くと、ゲストは自分の手にするワイングラスを見つめて、頭のなかで計算するでしょう。そして、「八人で分けたから、一杯一二五万円か」と気づき、ホストの惜しげもないおもてなしに感じ入るのです。

大富豪のパーティーに集まる方々ですから、それなりに地位のある人ばかりです。最高クラスの料理やお酒を振る舞われることも少なくないでしょう。

しかし、さすがに一杯一〇〇万円以上のワインともなると、舌が肥えた人たちにとっても強く印象に残るはずです。

なかなかお目にかかれないような貴重なワインを味わいながら、そのワインにまつわる物語をざっくばらんに語り合っているうちに、ゲストとの心の距離はぐっと縮まります。大富豪はそれをステップに、気に入ったゲストとの親交を深めていこうと考えておられるのです。

私のお客さまも、ワインパーティーをきっかけに新たな取引先を獲得されました。その結果、売上が一年で五〇億円を突破したといいますから、一杯一〇〇万円のワインで数千倍もの稼ぎがあったことになります。

場合によっては、さらに大きなビジネスに発展する可能性もあるでしょう。そう考えると、大富豪の方々にとって一杯一〇〇万円は常識外れに高い価格ではないのです。

なかには、「時計やゴルフセットなど、一〇〇万円相当の贈り物をすればいいじゃないか」と考える人がいるかもしれません。しかし高額な品物は、かえって相手に警戒心や負担感を抱かせてしまうおそれがあります。一〇〇万円もの贈り物は、たいていの人にとって〝重たい〟はずです。それでは人脈作りには繋がりません。

飲食物の贈り物を「消えもの」といったりしますが、贈られる側にとっては、消えてなくなる高級品は、そうでない高級品と比べて、受け入れやすいのだと思います。

だからといって、大富豪といえども、誰かに一〇〇万円分の食事をご馳走するのはそう簡単ではありません。

銀座の高級クラブでどれだけ大盤振る舞いしても、ひとり当たりの代金は四〇万から五〇万円といったところではないでしょうか。

そう考えると、相手に警戒心を抱かせず、スマートに一〇〇万円相当のご馳走を振る舞うには、ワインはまさにうってつけと言えそうです。大富豪の方々は、このような人の心理を経験則で知っていらっしゃるのです。

この考え方は、一般の方でも応用がききそうです。これからビジネスパートナーとして親しく付き合っていきたい相手には、ブランド品よりも、いつもより二ランク上の飲食物を贈るのはどうでしょうか。

ビジネスシーンだけでなく、気になる異性へのプレゼントに応用してもいいかもしれません。

例えば、義理チョコのお返しで相手の気を引きたいと思っているなら、奮発して高級ブランドのクッキーを贈ってみるのです。いきなり高級ブランドのバッグやアクセサリーを贈ると相手の警戒心を招くおそれがありますが、同じ高級ブランドでもチョコレートやクッキーなら、相手もそれほど抵抗を感じません。

たとえ相手にその気がなかったとしても、消えものなら皆で食べることもできますから、喜んで受け取ってもらえるでしょう。何より、普段はめったに食べないような特別なものを贈ってもらえるのは、誰にとっても素直に嬉しいはずです。

相手に対し、スマートに自分を印象づけることで、新しいチャンスが開けるかもしれません。

□プレミアムな飲食物で人間関係を深める

02 宝くじはお買いになりません

多くの大富豪は、お金に対して合理的な考え方を持っていらっしゃいます。とくに徹底しているのは、運任せの投資は絶対にしないということです。私が知っている大富豪の方々に、宝くじを購入される方はひとりもいらっしゃいません。

宝くじは「庶民の夢」といわれます。ジャンボ宝くじの場合、一等前後賞を合わせた当選金は七億円に上るといいますから、「それだけあれば一生遊んで暮らせる」という夢を抱いて宝くじを買い続けるファンがいるのもうなずけます。

しかし、ジャンボ宝くじの一等が当たる確率は、一〇〇〇万分の一と極めて低い。現実には、どれだけ熱心に買い続けても七億円を手にするのは「夢のまた夢……」となりそうです。

そうだと知りながらも、万が一の望みに期待をかける宝くじファンのなかには、「大富豪ほどたくさん資金があれば、大量購入して七億円を手にすることもできるのではないか」

と考える人もいるようです。

実際に、「大富豪のなかには、毎回、ジャンボ宝くじをたくさん買い込んでいて、すでに一等を当てている人もいるはずだ」と主張する人もいました。

そのような話を耳にしたものですから、あるお客さまに、宝くじはお買いにならないのですか？　とお尋ねしてみました。

すると、その方は、真剣な顔をしてこうおっしゃいました。

「宝くじの還元率は、およそ四六％だ。一万円分の宝くじを買ったとしたら、その瞬間に手持ちの宝くじは四六〇〇円分の価値しかなくなるというわけだ。その計算で行くと、七億円を当てるには、一四億円以上もつぎ込まなければならないことになるだろう。これではギャンブルとして成立していないから、買おうという気になれないな」

競馬や競輪といった公営ギャンブルの還元率は七五％程度、ラスベガスやマカオなどのカジノで還元率は九〇％前後といわれていますから、このお客さまが「宝くじはギャンブルとして成立していない」と断じるのも、もっともなお話です。

この方だけではなく、大富豪の方々は、たいてい「宝くじを買うくらいなら、一か八かといわれているような事業に投資するか、〝ボロ株〟を買うよ」とおっしゃいます。

株式投資をしている方はよくご存知だと思いますが、〝ボロ株〟とは、業績が悪かったり、不祥事を起こしたりして、株価が最低水準のままとどまっている株式のことです。経営に問題がある企業の株式ですから、さらに値が下がり、紙くず同然になってしまうおそれもあるのですが、逆に優良企業との提携や買収話が持ち上がると、一気に価格が跳ね上がることがあります。

本当に稀《まれ》ですが、買い値の数倍から一〇倍にまで高騰することもあります。こうなると、株式投資というよりはギャンブルに近いもののように思えます。

それでも、大富豪の方々は、宝くじを購入するよりも、こうしたボロ株に投資するほうを選ぶというのです。

「ボロ株といっても、自分で情報を集めて、少しでも高騰する可能性のある銘柄を選んで買っているから、まったくのギャンブルではないんだ。完全に運任せの宝くじとは違うんだよ」

とはいえ、大富豪が運を全否定しているわけではありません。むしろ、事業を手掛けている大富豪の方々は、「あのときは運がよかったな。先日着手した新規事業の行方も、最後は運次第だろう」というように運の存在を口にすることは少なくありません。

つまり大富豪は、**運を否定するわけではないけれども、すべてを運に任せるのが嫌い**なのです。

一から十まで運頼みで事業や投資に挑むことは絶対にありません。はたから見るとギャンブルとしか思えないような事業でも、一度取り組むと決めれば、潤沢な資金を準備したり、何人もの協力者を集めるなど、考えられる限りあらゆる手を打ちます。**やるべきことをすべてやった上で、「あとは運次第」と考える**のです。

逆に言えば、最後は運に委ねるしかないからこそ、人事はすべて尽くしたいというのが大富豪の発想です。

少しでも成功の確率を高めるために手を尽くして、自分の力で運を引き寄せたときが一番嬉しいといいます。その喜びをよくご存知の大富豪は、「運に任せて夢を買う」という宝くじの楽しみ方に魅力をお感じにならないのです。

□ 〝すべて運任せ〟のお金の使い方はしない

03 お金儲けは、必ず自分が作った仕組みのなかでなさいます

株式投資をするとき、世の中で話題になっている企業に注目したり、専門家の分析を参考にしたりする人は少なくないでしょう。

しかし、大富豪の目のつけどころは少し違います。投資先を選ぶときに、他人の判断をあてにせず、自分との関わりを重視される方が実に多いのです。

外食チェーンを経営する大富豪は、あるアパレルメーカーの株に投資しています。業界大手の優良企業ですから、投資先としても人気の銘柄です。ですが、その方が投資された理由は別のところにありました。

「うちの店で使う制服や制帽は、この会社に発注しているんだよ。ちょうどもっと取引を増やそうかと考えていたところだし、知り合いのチェーンストア社長も『うちも頼もうかな』と言っていたくらいだから、まだまだ伸びると思うんだ」

また、別の自動車部品メーカーの社長は、数年前から商品先物取引でプラチナに投資をしています。きっかけは、ご自身が手掛けられている事業でした。

その方は、自動車業界で排ガス規制が強化される動きをにらみ、会社として早くから対応を進めていました。

「うちも含めて世の中がそういう方向に動いているなら、浄化触媒に使うプラチナの需要も増えるに違いないと思ってね。だからプラチナ投資を始めたんだよ」

お二人に共通するのは、**ご自身の事業を通じて「ここなら成長が見込める」と肌で感じた分野に投資していること**です。

これから相場が上がるか下がるかなど、ほとんど気にしていません。むしろ**「自分で相場を作る」**つもりでいるのです。実際、いち早く成長株に目をつけ、大富豪の資金力をもって積極的に投資すれば、「自分で相場を作る」というのもおおげさな話ではありません。

投資する対象は、金融商品ばかりではありません。自分と関わりのある人に投資することもあるのです。

企業経営をされているお客さまと話したときのことです。投資先として検討されているという会社が、あまり耳にしたことのない小さな会社でしたので、「なぜ、その会社に見込みがあると思われたのですか？」と尋ねてみました。

「この会社の社長は僕が育てたんだ。たとえ赤字になっても逃げ出すような男じゃない。まあ、僕が彼を応援したいというのが一番の理由かな」

だからといって、その会社が順調に伸びていくとは限りません。しかし、そんなときこそ「自分で相場を作る」のが大富豪です。

「彼の会社なら」と信じて投資した会社が経営不振に陥ると、取引額を増やしたり、大口の仕事を紹介するなど、全面的に支援します。

もはや投資というよりも、奉仕といったほうが近いかもしれません。しかし、相手の社長も、これほどまでに応援してもらった恩は決して忘れないでしょう。

その会社が持ち直してひとまわり成長したとき、最大の危機のなか支えてくれた恩人である大富豪に、きっと大きな恵みをもたらしてくれるはずです。


大富豪が投資先をそこまで信じて支えることができるのは、自分と関わりのある相手であるからにほかなりません。私たちには、自分で相場を作るほどの財力はありませんが、大富豪の姿勢から、投資をするということの重みを学ぶことはできます。

もし見ず知らずの人に「ラーメン店を開業したいから、事業資金を貸してほしい」と言われても、お金を出す人はまずいないはずです。

しかし、昔からよく知る仕事仲間から「脱サラしてラーメン店を開業したい。あと一〇〇万円必要なんだが、なんとか貸してもらえないか」と頼み込まれたら、「彼なら成功するかもしれない。貸してあげてもいいかな」と真剣に考えるのではないでしょうか。そして、その人が実際にラーメン店を開店したとしたら、何かと気になってちょくちょくお店に顔を出したり、知り合いを連れて行ったりするのではないかと思います。

自分の大切なお金を投じるからには、心から信頼できる相手を選びますし、なんとか成功してもらいたいと、できる限り応援したくなるはずです。投資をするとは、本来それだけの重みを伴うものなのでしょう。

世間の評判や専門家の意見の請け売りで、まったく縁のない会社に大切なお金を託せるのか。それよりも、自分の肌感覚で成功を信じられる会社、心から応援できる会社を見極めることが、資産を増やす第一歩なのかもしれません。

□自分が影響力を及ぼせるところへ投資する

04 シンプルであることが、多くのお金を生み出すことをご存知です

大富豪は、何ごともシンプルであることを大切にしています。服装やインテリアもシンプルなデザインを好まれる方が多いのですが、ビジネスも「シンプル・イズ・ベスト」と考えているのです。

私が知っている大富豪で、短期間に財を成した方々は、総じてシンプルなビジネスを手掛けています。

例えば専業化です。あちこちに手を伸ばすのではなく、シンプルに一つの領域に的を絞ってビジネスを成功させた方がとても多いのです。

建材会社を経営する社長は、以前はさまざまな建材を取り扱っていました。しかし、他社との激しい競合にさらされて売上が思うように伸びなかったため、思い切って扱い商品をアルミ建材一本に絞ったそうです。

そして、商材を絞り込む代わりに、「アルミ製品に関することなら何でも引き受けられ

る会社になる」という新たな目標を打ち立てました。アルミ建材の販売と施工はもちろん、アルミの加工やリサイクルなどに事業を拡大したほか、アルミ製のフライパンやタイヤのホイールといった一般消費者向けの製品も取り扱いはじめたのです。

その結果、「アルミといえばあの会社」との評判が広がり、注文が急増。会社は驚くほどのスピードで成長していきました。

料金設定をシンプル化して成功を収めた例もあります。住宅専門建築会社を経営する大富豪です。

今でこそ、坪単価五〇万円という触れ込みの住宅専門の建築会社はたくさんありますが、かつて住宅建築は、設計から建材、建築、住宅設備のオプションなど、料金体系が複雑でわかりにくいとされていました。

それに対して、この方は、「坪単価五〇万円の家」という、極めてシンプルな料金体系にしたのです。料金が明瞭で、自分の予算の範囲内で家が建てられるという安心感が消費者の心に響いたのでしょう。多数の顧客を獲得し、業界を代表する大手企業に成長しました。

「とても難しくて複雑なことを、できるだけシンプルにわかりやすく提供する。それがビジネスを大きくするコツなんだよ」

商品やサービスをシンプル化して成功する例はまだまだあります。わかりやすい事例が、インターネットのショッピングモールです。

先日、高級アパレル販売の会社を経営されている大富豪にお会いしました。実際の店舗のほか、インターネットのショッピングモールにも出店なさっているというので、感想をお聞きしてみました。

「あんなに便利なサービスはないよ。うちも自社でネットショップを立ち上げたことがあるけど、ただホームページを作ればすむというものではないからね。あまりにも手間がかかるから閉めてしまったんだ。手数料が高いとか言う人もいるけど、これくらいの料金ですむなら、むしろ安いものさ」

自分でインターネットの通販サイトを開設し、運営していこうと思えば、会員登録、ポイント管理、決済・配送システムなど、さまざまな仕組みが必要です。システムトラブルにも対応しなければなりません。

インターネットのショッピングモールは、そのような手間暇をすべて請け負ってくれます。モール自体に集客力がある上、キャンペーンなど販売促進企画もさまざま打ち出しますし、加盟店に対して個別にアドバイスしてくれるサービスもあります。

インターネットモールに加盟すれば、複雑な通販サイトの仕組みや運営ノウハウをパッケージとして買うことができます。その分、加盟店は本業に専念できるのです。

複雑な仕組みを見つけたら、そこには勝機があります。複雑で手間がかかることをシンプルにして提供すれば、ユーザーは時間を節約でき、ストレスからも解放されます。

日頃、仕事や日常生活の場で、「面倒くさい。できれば避けて通りたい」と思っていることはないでしょうか。それがビジネスのタネとなって、大きな事業に発展していく可能性があるのです。

□難しくて複雑なことをシンプルにすれば、ビジネスが大きくなる

05 時間を買うことが大好きでいらっしゃいます

大富豪の方々が、その莫大《ばくだい》な資産を使ってまず手に入れようとするものは、時間です。皆さん揃って「お金で時間を買えばいい」とおっしゃいます。

例えば私どもが提供する執事サービスは、ご依頼主である大富豪の方々の要望に応え、身の回りのお世話やビジネスのお手伝いをするものですが、大富豪がこうしたサービスをご利用になるのは、日常の雑務から解放されて自分の時間を作るためです。

同じような、富裕層対象の「時間節約サービス」は、いくつもあります。

高級ホテルでは、「クラブフロア」「エグゼクティブフロア」などと呼ばれる、一般の客室とは切り離された特別階を用意している場合があります。そこには専用のカウンターが設けられていて、混雑する時間帯でもスムーズにチェックインすることができます。これも時間節約サービスの一つだといえるでしょう。

さらに上をいくのが、チェックイン不要を売り物にしている高級ホテルです。優良顧客に対してドアキーをあらかじめ送付してしまうのです。

近頃は、スマートフォンに送られてきた電子キーのデータを使用して、チェックイン不要で客室に入室できるホテルも増えています。

プライベートジェットも付加価値の高い時間節約サービスです。チェックイン不要で利用できるほか、セキュリティチェックもスムーズに通過できます。それに何と言っても、指定した時間に出発できるということは、わずかな時間も有効に活用したいと考えている大富豪のニーズにかなっています。

大富豪の方々はプライベートだけでなく、ビジネスシーンでも積極的に時間を買っています。

ある大企業のオーナー経営者は、まるで日用品でも買うように会社を買収されます。

「うちの会社が新しい市場に参入しても、一定の信用を得るまでには相当な時間がかかってしまうだろう。その時間がお金で買えれば、こんなにいいことはないじゃないか」

会社を買うということは、その会社の信用を丸ごと買うということ。言い換えれば、買収した会社が信用を築くために費やした時間を買うことでもあるのです。

また大富豪は、書類の作成から取引先との会合まで、**「誰かに代わってもらえる仕事は代わってもらう」という方針を徹底しています。**そのために優秀な人を雇い、仕事がうまくまわるような仕組みを整えているのです。

私自身は執事の会社を経営しながら、バトラーの仕事もしているのですが、お客さまのひとりから、「自分で現場の仕事をしていてはダメだよ。社長は経営の仕事に徹しないと事業は大きくならないぞ」と忠告をいただいたことがあります。

ある大富豪はこんなことをおっしゃっていました。

「富を築こうと考えるなら、どんどん時間を買うことだね。サラリーマンの生涯賃金だって二億円以上なのだから、一億円を稼ぐことは夢物語でも何でもないんだ。要は、三〇年で稼ぐか、一年で稼ぐかの違いなんだよ。**一億円を一年で稼ぐには、自分がやるべきことにすべての時間を充てなければね」**

大富豪は、〝買った時間〟を有効に活用します。新たな事業に着手することもあれば、ここぞという重要な局面では、現場の先頭に立ってトップセールスに乗り出します。

また、今までなかなか会えなかった知り合いと語らう時間に充てたり、家庭サービスに使うこともあります。**時間を捻出して、自分でなければできないことに費やすのです。**

私たちも「時間を買う」という発想を持って、今の生活を棚卸《たなおろし》してみれば、誰かに任せることができる仕事や雑事がいろいろあるはずです。

積極的に時間を買うことで、新たなことに挑戦していけば、ビジネスもプライベートも一層充実するのではないでしょうか。

□本業以外はお金で外注し、時間を作り出す

□自分しかできないことに時間を充てる

06 一回だけ払うお金と支払い続けるお金を常に意識しておられます

よく「家は一生に一度の買い物」などといわれます。この言葉は、世界各所に何軒もの別邸を持っている大富豪には当てはまりません。

しかも、家を購入するときは常に一括払いです。大富豪の方々は、ローンを組むということをしません。

「莫大な資産があるからできることだ」と言われたら、確かにその通りですが、単にお金があるからという単純な理由ではないのです。「今支払えるものは今支払う」というのが、大富豪の基本的な姿勢なのです。

オーストラリアに豪邸を所有されている大富豪は、毎月五〇万円もかかる電気代を節約するため、とうとう一億円の費用をかけて大規模な太陽光発電システムを導入されました。

「何年で元が取れるのですか」とお尋ねしたところ、笑いながらこう答えられました。

「一〇年か、二〇年か、元が取れる前に改築しなければいけないかもしれないね。トータルで考えると損かもしれないが、とにかく毎月の支出を減らしたかったんだよ」

大富豪は、**支払い続けなくてはいけないお金に敏感**です。必ず発生する支出は、できるだけ抑えようとします。なぜなら、この先もずっと同じ状況が続くとは限らないと考えているからです。

大富豪がどんなに用心深いといっても、二〇〇八年のリーマン・ショックのような出来事が起きると、数百億円規模の資産があっという間に一〇分の一程度に目減りしてしまうことがあります。

世の中の経済システムを熟知し、それを上手に活用して莫大な資産を築いた大富豪だからこそ、世界経済の動き次第では資産をいっぺんに失うリスクもあると知っています。

そんなときには、豪邸のランニングコストが重くのしかかります。とにかくフロアの面積が広く、照明も数多く、プール付きも少なくありませんから、光熱費、管理費、保険料など、豪邸の維持にかかる費用は桁外《けたはず》れです。

景気が落ち込んで事業にお金を回したいと思ったときに、邸宅にかけるお金はなるべく少なくしたいものです。ローンを組んでいたら、光熱費や管理費に加えてその分も毎月出ていきます。

景気のいいときでも、悪くなったときの状況を見すえているので、邸宅の購入費用も一括払いを基本としているのです。

支払いを先送りにしないのは、家のような大きな買い物のときだけではありません。例えば、一般の方々だと分割が当たり前のスマートフォンの本体料金も一括でお支払いになります。

一括払いでも割引があるわけではありませんし、分割で支払っても月々たった数百円程度ですが、将来にわたって発生する支出というだけで大富豪は分割払いを避けます。

保険料も同じです。払込期間にわたって月々保険料を支払うよりも、まとめて支払う一時払いを選びます。まとめて支払うほうが割安になりますが、保険料の節約が目的ではありません。

四〇代の大富豪の方は、「五〇代、六〇代になって、高額な保険料を支払えなくなることがあっては困る。今は何も困っていないのだから、まとめて支払ってしまうんだ」とおっしゃいます。

分割払いではありませんが、スポーツクラブのような月額会費制のサービスも利用しません。

私のお客さまに、日々のトレーニングが必要だからと、別邸の一室をリフォームしてスポーツクラブのようなフロアを作ってしまった方がいらっしゃいます。数種類のトレーニングマシーンも設置し、専属のトレーナーまで雇っています。

トレーニングに飽きたら、多額の投資は無駄になってしまわないかと心配にもなりますが、「月々の会費を支払うよりもマシだよ」とさばさばしたものです。

大富豪のお金の使い方を何から何まで真似することはできませんが、「現在と同じ収入が、将来にわたって続くとは限らない」「大きな買い物にはランニングコストがついて回る」という感覚を持つのは大切なことではないでしょうか。

今はお金がないが、長期にわたるローンを組めば高額なものでも買えるだろうという安易な考え方をやめなければ、資産は増えていきません。

□買えるときに一括して支払う

□ランニングコストはできる限り抑える

07 徹底的な浪費は、より大きな富を呼ぶことをご存知です

大富豪で、「最大の投資は節約である」と考えている方が多いことはすでに申し上げました。無駄な浪費を嫌うのが基本です。

電気やガス、水道といった公共料金、家賃などランニングコストをいかに圧縮するか、日常の食事では贅沢をせず、いかにつましく暮らしていくか。思いのほか節約の意識が高いのも、大富豪の方々の特徴です。

とはいえ、けっしてすべての浪費を否定しているわけではありません。中途半端な浪費は厳に控える一方で、徹底的な浪費はあえてするという大富豪が数多くいます。

その理由は、**徹底した浪費が新たな出会いやビジネスチャンスに繋がり、さらに多くの富をもたらすことを知っている**からです。

例えば、ある大富豪はたいへんに絵画がお好きで、莫大な私財を投じてご自身の琴線に

触れた絵を蒐集《しゅうしゅう》されています。さらには、ただ集めるだけでなく、銀座で画廊を経営されてもいます。

画廊には、絵画好きの方が数多く訪れます。「自分好みの絵を画廊に揃えておくと、自分と同じような趣味嗜好《しこう》を持った方が自然と集まるようになる。画廊を開いている一番の理由は、そうして集まった方々と交流を持ちたいからなんだ」と、その方はおっしゃっていました。

絵画が好きで、画廊にも頻繁に足を運び、実際に絵を何枚も購入されるような方は、それなりの社会的地位や収入を得ている方が少なくありません。

画廊を訪れるお客さまとの交流も、最初のうちは絵画にまつわる話題を交わす程度ですが、親しくなるにつれて身の上話もするようになるといいます。

「どんなお仕事をされているのですか?」「実は病院を経営しておりまして」といった会話が自然に生まれてくるのだそうです。

また、この大富豪は、自分の画廊が絵画愛好家たちの交流の場となることを強く意識されています。信頼できるお客さま同士が繋がり、自由に交流できる雰囲気を作っているのです。

こんなふうに何気ない身の上話で盛り上がっているうちに、思わぬ形で新しいビジネスの立ち上げや業務のコラボレーションに発展することがあります。

実際、先ほど述べた病院経営者のお客さまとの会話では、別のお客さまから「そうでしたか。実は、私は老人ホームを経営しているんです」といった話題が飛び出して、「それじゃあ、連携して何か一緒にやりましょう！」と意気投合した結果、新たな介護ビジネスに発展していきました。

また、別の大富豪はクルマを――とくにポルシェをこよなく愛していて、ポルシェ愛好家が集うドライバーズクラブに所属されています。

といっても、何か特別なことをするわけではなく、高速道路のサービスエリアやパーキングエリアに集合して、仲間たちとポルシェを連ねて楽しく走り、帰ってくる……という活動です。

地方に出かけたときなど、ときにはレストランでゆっくりと食事をしながらポルシェについて語り合うこともあるそうですが、基本的にはポルシェに乗って集まり、一緒に走っているだけのサークルです。しかし、大富豪はその集まりをとても大切に考えています。

この方の場合も、画廊を経営している先ほどの大富豪と同じように、ポルシェを通じて思わぬ出会いに恵まれたりすることを重要視しているのです。

大富豪は「確かにポルシェは高価なクルマだし、維持にも費用がかかる。だからこそ、素晴らしいポルシェを所有しているのは、名士の家系や仕事で大成功を収めている人が多い」とおっしゃっていました。

そうした方々と共通の趣味を通じて懇意になると「やがては自分のビジネスのお客さまになってくれたり、新しいビジネスが生み出されたりすることがよくある」と言います。つまりは「ポルシェを持つことで、ポルシェ以上の価値が得られる」とお考えになっているのです。

ビジネスなど直接的な利益には繋がらないと思われる趣味やモノに巨額のお金を投じるのは、世間一般の感覚では浪費ですし、誰にでも軽々しく真似できることではありません。しかし、だからこそ徹底的な浪費には意味があるのです。

変化を望まず、ふつうに日常生活を送っているだけでは、似た者同士の気楽な人間関係に終始してしまいがちです。

しかし、浪費を厭《いと》わず、趣味や道楽にあえてこだわることによって、出会いの間口は大きく広がります。なかなか交流が持てないような相手でも、共通の趣味を接点にすれば、思いのほか出会いのハードルは下がるものです。

要するに、お金の使い方にもメリハリが大切なのです。

固定費を抑えたり、中途半端な贅沢を控えたりといった家計管理はもちろん重要ですが、自分の好きな物事にはお金に糸目を付けず、ときには徹底的に浪費する。そうした感覚を少し意識してみると、仕事や人生を変えるきっかけになるかもしれません。

□好きなことに思い切ってお金をかける

□浪費が新しい出会いに繋がることがある

08 自分の稼いだお金では贅沢をなさいません

「今日は給料日だから、いつもは行かないようなちょっと高い店に飲みに出かけてみよう」「せっかくボーナスが入ったのだから、前からほしかったブランド品や電化製品を買ってしまおうかな」といった具合に、お金が入るとつい使ってしまいたくなるのが一般的な感覚です。

しかし、大富豪は自分が働いて得たお金で贅沢をすることはありません。

大富豪が贅沢に使うのは、自分で稼いだお金ではなく、お金が稼いできてくれたお金――株式投資や不動産投資、金融商品、先物取引などで得た利益です。

自分が働いたことで得たお金は、事業の拡大や投資のための原資にしたり、自分の基本的な生活を維持するために使ったりしますが、贅沢のためにはまず使いません。

私どものお客さまである大富豪は、毎年、夏になるとご家族五人で二週間のハワイ旅行にお出かけになります。

家族の恒例イベントになっているその旅行は、行き帰りの飛行機が全員ファーストクラス。現地でも高級コンドミニアムや一流リゾートホテルのスイートに宿泊し、豪華クルーザーでクルージングを楽しむなどアクティビティもハイクラスなものを堪能されるので、一度の旅行で一〇〇〇万円くらいは使ってしまうそうです。

私は、「毎年のように豪華な旅行にお出かけになっていますが、報酬の何%かはレジャーに充てると決めておられるのですか」と尋ねてみました。

「いや、むかし買った不動産の家賃収入の利益が、ちょうど年間一〇〇〇万円くらいなんだ。自分で働いて得たお金では、こんな贅沢はしないよ」

つまり、以前投資した不動産の経営が軌道に乗り、利益を生み出してくれるようになったから、そのお金で贅沢をしているわけです。

また、女性の大富豪で、たいへんジュエリーがお好きな方がいます。その方が宝飾品を購入されるときに使うお金は、定期預金の利子だそうです。

今どき定期預金の金利など微々たるものですが、預けている元本が何億円という単位ですから、利子だけで年間数百万円に上ります。

この方も「自分が働いて得たお金では、絶対にジュエリーなんて買いませんよ」と笑っておられました。

こうした大富豪のエピソードから見えてくるのは、**自分で稼いだお金は大切に蓄えて、資産運用やビジネスに用いる原資を目減りさせず、少しずつでも増やしていこうとする姿勢です。**

大富豪のお側で仕事をしていると、たくさんの人から「お金持ちになる方法は何でしょうか?」と質問を受けている場面に遭遇します。そんなとき、多くの大富豪が「お金を使わないことだ」とお答えになっています。

「単純に、お金は使わなければ増えていくもの。それをきちんと実践できれば、お金持ちになれるだろう」

そのような返答を受けて、質問した方は煙に巻かれたような顔をしているのですが、大富豪は真理を伝えているだけです。

もちろん大富豪の方々に、まったく欲がないわけではありません。旅行にも行きたいし、きれいな宝飾品もお好きです。それは一般の方々と変わりません。

ですが、違うのは、どういうお金を贅沢に使うかということです。**贅沢をするときは、**

お金が稼いでできてくれたお金を充てるようにしているのです。

これを繰り返していると、原資はどんどん増えます。それを元手に、例えば不動産や株式へ投資したり、預金額を増やしてさらなる利子収入を得られるようにもなります。

富がさらなる富を生むサイクル、お金に働いてもらってお金を得る仕組みを正しく理解しているのが大富豪です。

自分で働いて得たお金にはできるだけ手を付けず、株式や不動産への投資に回してみるのが富を呼び込む第一歩なのかもしれません。

□ 贅沢には、お金が稼いでくれたお金を充てる

□ 稼いだお金には手を付けず、投資の原資に回す

09 大富豪になれるかどうかは、財布に入っている現金を燃やせるかどうかでわかります

第一章で大富豪が「投資商品は燃やして判断する」というお話をしました。その方が特別なのかと思ったら、ほかの大富豪の方々も燃やすのがお好きなようです。どうやら、「燃やす」ということに、大富豪の考え方の共通点があると思われます。

これも燃やすエピソードですが、ある大富豪から、次のように尋ねられたことがあります。

「君は、今自分の財布に入っているお札を燃やすことができるかね」

唐突な質問に私は驚きながら「いいえ、燃やせません」とお答えしました。すると大富豪が少しおどけたように笑いながら、「だから、君の会社は小さいままなんだ」とおっしゃったのをよく覚えています。この質問は、確かに突飛ですが、実はとても理にかなっています。

例えば事業を興して、大きく成長させたいと考えていたとします。そのとき、守ってば

かりいては前には進みません。ときには不確定要素やリスクを承知で、攻めていく姿勢が事業の成長には不可欠なのです。

攻めていく姿勢とは、投資をするということです。

例えば、人を雇ったり、新たな設備を導入したり、支店を増やしたり、広告を打ったりといった取り組みには、大きなコストがかかります。事業成長のためには、こうした多額の投資が必要なのです。

とはいえ、多額のお金を投じたからといって、期待したような結果を得られるとは限りません。むしろ莫大な損失を残して終わってしまうこともあります。

つまり、投資した莫大な資金が、何も生み出さず消えてなくなってしまう可能性があるということです。

投資とは、財布のお札を燃やすことができるかどうかと同じこと。冒頭の問いかけで、大富豪はお金にまつわるある種の〝心構え〟や、お金を投じるに際して重要な〝覚悟〟について語っておられたわけです。

言うまでもなく、火が付けられたお札は、一瞬のうちに灰になってしまいます。投資も同じで、投じたお金を一瞬のうちに失ってしまう可能性をはらんでいます。

だからこそ、まずは燃やす前に目的や効果、リスクに関して周到に考えられるかどうか、そして、いざ燃やすとなったら躊躇なく火を付けることができるかどうか。事業家として大きく成功するために必要な姿勢を、大富豪は示してくれたのです。

また別の大富豪は、「それなりの成功を収めて、一度でもまとまったお金を手にしてしまうと、多くの人はどうしても守りの意識が強くなってしまう」とおっしゃっていました。せっかく手にしたお金を失いたくないから、儲かるかどうか見極めが難しい事柄には投資をためらうようになってしまうというのです。

そうなると、**リスクを避けて、働くことで得られるお金に集中してしまい、それ以上の成長は期待できなくなってしまいます。**

「利益を得たら、そのお金に働いてもらわなきゃいけない。新規事業に挑戦したり、社員数を増やしたりと、さらなる成長に繋がるような施策にお金を投じていかないと、より大きな利益を得ることは難しくなってくるんだ」

私もたくさんの事業家を見てきましたが、利益を積極的に投資に回している事業家は、程度の差はあっても、しっかりと成長して、より大きなビジネスを手掛けるようになっているケースが数多く見られます。

もちろん、なかには強気に攻めすぎてビジネスが破たんしてしまった例も存在します。破たんのリスクを理解し、リスクマネジメントにも配慮した上で事業を拡大していけるようでないと、なかなか事業家として大成できないということなのかもしれません。

しかし、仮に破たんしてしまったとしても、ただ守っているだけでは掴めないような貴重な経験則を得て、次の展開に活かすこともできますから、けっしてすべてが無駄になるわけではありません。

そのような「転んでもタダでは起きない」といった意識が強いのも、事業を手掛けている大富豪に共通する性質だと感じます。

私たちも、大富豪ほどのスケールはないにしても、投資の大胆さや、転んでも何かを得る精神的なたくましさは見習いたいものです。

例えば、資格の取得や語学といった勉強・習い事であるとか、異業種交流会に出てネットワークを広げるといった自己投資に躊躇なくお金を投じてみる、といったあたりから実践してみるといいかもしれません。

自分の利益や成長に繋がることに対しては、お札が灰になってしまうことをおそれず、思い切ってお金を投じてみてはいかがでしょうか。

□投資は攻めの姿勢が必要
□リスクに対して入念な準備をする

10

自分の稼いだ額の一〇%を寄付されています

大富豪は寄付をたいへん好まれます。開発途上国の子どもたちに医薬品や食糧を提供している団体や、親を亡くした子どもたちの生活や教育を支援している団体、病院や介護施設、教育機関、赤十字など、寄付をする先はさまざまですが、金額は「自分が稼いだお金の一〇%」という数字を挙げる方が多いようです。

「この一〇%には何か理由があるのでしょうか」と大富豪の方々に尋ねてみたのですが、「なんとなく収まりがいい数字だから」「自分にとって、無理なく出せる額だから」といったお答えばかりで、とくに明確な根拠などはないようです。

例えば「五%だと少ない気がするし、二〇%ではこちらの負担感が強くなるから」といった調子で、感覚的に導き出された数字なのかもしれません。

ふつう、「手にしたお金は絶対に手放したくない」と感じてしまうのが人間の心理です。自分のお金は、自分のことだけに使いたい。そう考えてしまうのも、けっして不思議なことではありません。

しかし、大富豪の方々は、それがまるで当たり前のことであるかのように、まとまった額のお金を惜しげもなく寄付しています。

以前、あるお客さまに寄付をする理由を尋ねたところ、次のようなお答えが返ってきました。

「人間には、努力だけではどうにもならないことがあり、運に左右されてしまう場面も多い。私は正直、自分が今のような立場でいられるのは、たまたま運に恵まれただけだと思っているんだ。そして、運は循環するから、独り占めしてはいけないとも考えている。だから、運に恵まれなかった人へ、自分の運を少しでも分けてあげたいんだよ。寄付をするのは、そういう気持ちの表れかな」

大富豪の方々はよく「自分は運が良かった」「あのときは運よく切り抜けられたが、また同じことをやれと言われても、きっとできないだろう」といったことをおっしゃいます。

大富豪はとても現実的な面を持っていながら、一方では運やひらめきといった不確かなものをとても大切にします。縁起にこだわる方も大勢いらっしゃいます。

そして、人生には運が大きく関わってくるといつも感じているから、**寄付という形で、運に恵まれなかった人を手助けしたいと考えている**わけです。

大富豪が寄付をする理由は、もう一つあります。**寄付をすることで、自分のモチベーションが上がることを、よくご存知だからです。**

ITビジネスを中心に複数の会社を所有している若手オーナーは「寄付をするようになって、初めて自分の仕事に誇りが持てるようになった」とおっしゃいます。

「ビジネスは、金儲けのためにするもの。『世のため人のため』なんてきれいごとを並べたりもするけれど、もともとは金儲けがしたくて、自分のために会社を始める場合がほとんどだと考えていたんだ。でも、寄付をすると、自分のお金がほかの誰かの役に立っていると感じることができて、自分の仕事が正当化されたような気持ちになる。結局は、自分のために寄付をしているのかもしれないなあ」

寄付をすることで、自分の仕事に誇りが持てるようになります。それがモチベーションとなって、さらに意欲的に仕事に取り組めるようになるから、ますます収入が上がっていくという好循環が起きます。

大富豪は事業を続けているうちに、そうした寄付の効能に気がついたのでしょう。

熱心にお金を稼ぐことには、貪欲《どんよく》さや意地汚さといった、あまりよくないイメージが付きまとうものです。例えば趣味を尋ねられたとき、「お金を稼ぐこと」と答えてしまうとよいイメージを持たれないかもしれません。

ですが、「実は開発途上国の子どもたちへポリオワクチンを届けている団体に、収入の一〇%を寄付しているんです。だから、趣味は稼いで寄付することですね」などと言えば、相手からも好感を持たれるでしょうし、お金を稼ぐことに対して後ろめたさを感じないですみます。

「誰かの役に立っている感覚」を意識して寄付をしている大富豪のなかには、自分の寄付金がどのように使われるのかが見えにくい募金団体などは避け、特定の施設に寄付したりプレゼントを贈ったりするのを好む方もいらっしゃいます。

ある大富豪は、毎年クリスマスシーズンになると自分で稼いだお金の一〇%を用意して、知人が経営する児童養護施設の子どもたちを東京ディズニーランドに連れて行きます。

そこで遊ぶお金を差し引いて余ったお金でクリスマスプレゼントを用意し、それでもまだお金が残っているなら、施設の運営資金として寄付するということでした。

私が「とても素晴らしい贈り物をなさいましたね」と申しますと、その大富豪は「タイガーマスクになってみたかったんだよ」と、照れくさそうにおっしゃいました。

漫画のタイガーマスクは、作中で孤児院に寄付をしています。「その姿に憧《あこが》れて、いつか自分も同じことをしてみたいと思っていたんだ。そして、実際にやってみたら、仕事でお金を稼ぐことがとても崇高なことに感じられるようになってきた」と言います。

一般の方々が収入の一〇%を寄付するのは、少しハードルが高いかもしれません。しかし、**無理のない金額で実際に寄付をしてみるだけでも、仕事やお金を稼ぐことへの意欲が変わっていくのがわかる**と思います。

毎月、定期的に決まった額が引き落とされるようなシステムを導入している募金団体に登録してみるのもいいかもしれません。

例えば、国境なき医師団の寄付では「毎月三〇〇〇円で一二〇人分のはしかの予防接種」など、金額と具体的な援助内容が示されています。

このようなシステムを利用して月々寄付すれば、モチベーションが上がり、自分の仕事に一層の張り合いを持てるのではないでしょうか。

□収入の一〇%の寄付が、仕事のモチベーションアップに繋がる

11 一杯五〇〇〇円のコーヒーに喜んでお金をお払いになります

ふつう買い物をしたり、飲食店を利用したりする際、商品の原価を気にすることは、あまりないと思います。

しかし大富豪は、店を利用するたびに、それぞれの商品の原価を試算してしまいます。その価格で**買う手間まで計算に入れ、きちんと納得してから代金を払うのが大富豪のスタイル**といえます。

よく「お金持ちはケチ」などと揶揄《やゆ》する人がいますが、そんな単純な話ではありません。皆さん、コストを周到に見極める意識が高く、お金を払う前にじっくりと考えることを怠らないということです。

私どもの執事サービスを利用するお客さまも、原価を気にされる方ばかりです。

見積書をご覧になって、少し考えたあと、「君はこれだけの費用を取って、実際のところこのバトラーにいくら給料を払っているの?」とお尋ねになる方は少なくありません。

私は「恐縮ながら、それは申し上げられません」と答えるのですが、お客さまは「だいたい費用の〇割くらいかな」と具体的な数字を挙げてきます。

しかも、その数字がおおむね当たっているのです。費用に対して、原価がこの程度で、会社の利益がこのくらい、その他の営業経費がこのくらいで、雇用保険など労務関連のコストがこのくらい、とご自身の頭のなかで即座に計算をしているわけです。

そして、「コストを考えると、〇〇円以上なら自分が直接バトラーを雇用するほうが安上がりだな」と目安となる数字を見極めてから、私との価格交渉をなさいます。

大富豪は、ご自身でビジネスを展開され、人材を雇用していることも多いので、人件費その他のさまざまな原価についてよくご存知です。

財布の紐《ひも》を緩めるのは値段に納得してから、というのが大富豪の特徴ですから、多少聞きづらいことであっても単刀直入に質問される方がほとんどです。

「自分としては一五〇〇万円の価値だと思っているが、実際は一九八〇万円で売られている。この四八〇万円の差額は何だろう。どうすれば、この差額を埋められるだろう」といった具合に、価格の裏側にある事情が気になってしまうのです。

また、「これの原価はおそらく一〇〇万円くらいのはず。それなのに、なぜ一九八〇万円でも売れるのか。自分のビジネスにもうまく採り入れられないだろうか」という発想も持たれるようです。

原価を知るということは、価格の裏側にある事情を知るということです。

大富豪が高価なビンテージワインを好まれるのも、ふつうのワインと比べて原価率が高いからです。つまり、店側にとって儲けが少ないといえます。逆に、一般向けの商品の原価率は、富裕層向けの商品と比べて低めです。

なぜなら、有名なビンテージワインほど取引相場が広く知られており、利益重視の値段を付けてメニューに載せていたりすると、大富豪はすぐに見破ってしまうからです。お店の信用問題になりかねないので、極端にマージンを乗せられないのです。

富裕層向けの商品は、もともとの価格が高額ということもありますが、要するに、大富豪は騙せないので、誠実な値段を付けるしかないのです。

しかし一方で、私たちには手が届かないような高額な商品であっても、それが手間暇かけて作られたものであれば、あっさりと購入を決めてしまうのも大富豪です。

例えば一杯で五〇〇〇円もするようなコーヒーであっても、とても稀少な豆を使っていて、それを手間暇かけて焙煎《ばいせん》し、専用の機器を用いて一流のバリスタが一杯ずつ丁寧にドリップしてくれ、もちろん味も香りも格別ということであれば、大富豪は喜んで代金を支払うのです。

仮に、原価はそれほどかかっていないと判断したとしても、手間や技術、時間、サービスなどに価値を見出すことができれば、大富豪は納得して購入されます。

とりわけ、飲食店を利用する場合は、もともと原価率が低いことを知っているので、ロケーションの魅力や接客の丁寧さ、お招きしたゲストの趣味に合うかなど、付加価値を重視されます。

大富豪のように原価と差額に注目して、自分はどんな価値にお金を支払うかを意識していれば、「つまらないものにお金を使ってしまった」と後悔することもなくなるはずです。

□原価がわかれば、ものの真価が見抜ける

12 二九八〇円という数字のトリックに騙されません

お金の使い方や価値をシビアに見極める大富豪は、値段設定でよく見うけられる数字のトリックに騙されることがありません。

例えば、一億円程度の予算で家を購入するとしましょう。今すぐにでも家を買いたいと考えているところに、一億一万円で好みの家が売りに出されていました。

しかし、明日になれば一万円値引きされて、価格が一億円になることがわかっているとします。多くの人は「一億一万円も、一億円も大差ない」と考えてしまい、今すぐほしいという感情に流されて購入してしまうのです。

それに対して、こんな例はどうでしょうか。とてもおいしいと評判の、一杯一万円のウイスキーが販売されていたとします。それが「明日になったら、特別サービスでタダになる」と告知されていたら、大半の人は明日まで待つのではないでしょうか。

家の「一万円」も、ウイスキーの「一万円」も、同じ一万円です。なのに、前者の場合は「一億円の買い物で一万円多く支払うくらい、大したことではない」と考えてしまいがちです。これはつまり、一億円という金額に意識が向いてしまい、一万円の価値を冷静に判断できなくなっている状況といえます。

値段を付ける側は、そうした人間の感覚を踏まえて、巧妙に価格を設定していくものです。さまざまな商品に、九万九九八〇円、二九八〇円、九九九円といった価格が付けられていますが、これらは実際、一〇万円、三〇〇〇円、一〇〇〇円とほとんど変わりません。ですが、買い手はそうした数字のトリックに騙されて、妙に安く感じてしまい、つい商品に手を伸ばしてしまうのです。

大富豪はそんな数字のトリックに目が眩《くら》んでしまうことがありません。

大富豪の金銭感覚は、相対的なものではなく、絶対的なものなので、一万円はどこまでいっても一万円なのです。むしろ「二九八〇円なんて中途半端な金額を設定できるということは、まだまだ下げる余裕があるのだろう。原価はいくらくらいかな」と、冷静に売り手側の損得勘定を見極めてしまうような方が大半です。

これは輸入雑貨店など複数の小売店を経営されているオーナーの方にうかがった話なのですが、三九八円、二九八〇円といった価格の付け方は、「端数価格」と呼ばれるマーケティング手法の一つだそうです。

実際「通常価格が二五〇〇〇円程度の商品を二二〇〇〇円で販売したときにはほとんど売れなかったのに、二九八〇〇円と付けたら急に売れるようになった」と、そのオーナーは教えてくれました。

二二〇〇〇円の場合、「本当は二〇〇〇〇円くらいで売れる商品なのに、二〇〇〇円ほど上乗せしたに違いない」と消費者は考えてしまうというのです。

けれども、二九八〇〇円の場合は「本当は三二〇〇〇円くらいする商品なのに、ギリギリまで値下げをして二〇〇〇〇円台に収めてくれたのだな」と好意的に捉えてくれる傾向があるといいます。

大富豪の方々は、総じて絶対的な金銭感覚をお持ちなので、「今だけ八〇%オフ」といったセールストークに乗せられるようなことがありません。

一般的には「今買わないと損をしてしまう」と思ってしまうものです。それで、つい余計に買い込んでしまったり、不要なものまで買ってしまったりするわけですが、大富豪はそうした失敗をすることがまずありません。

大富豪は、いわばお金のプロフェッショナルです。ちょっとした買い物でも、**価格設定の根拠や原価率を考えて、本当の価値を見極め、自分にとって必要かどうかを周到に検討**

してからお金を払います。

とはいえ、大富豪が、必ずしも最初から数字に強かったとは限りません。「学生時代は算数や数学は苦手だった」という方もけっこういらっしゃいます。

それよりも、ビジネスや投資に関わるようになって、「どうすればより多くの利益を上げられるか」「どのように資産を運用すれば効率的か」といったお金に関係する事柄を常に考えるようになり、自然とお金に関するリテラシーを高められたのでしょう。

一般の方も、買い物をするときに「どうしてこの商品はこの値段なのか」「この価格を設定した意図はなんなのだろうか」など、売り手側の心理を考えてみると、今までは見えてこなかった店の本音がわかるようになるかもしれません。

少なくとも、お金を払う前に一度冷静になってみることは必要でしょう。セールストークに乗せられたり、数字のトリックに騙されたりして、つい買ってしまい、あとで悔やむという悪循環から脱却できれば、お金の使い方も大きく変わります。

□お金を相対的価値でなく、絶対的な価値で判断する
□原価率を計算してみる

13 お金を稼ぐより、使うほうが難しいことをご存知です

大富豪の方々はよく「お金を稼ぐより、お金を使うほうがずっと難しい」とおっしゃいます。それは資産が莫大で、使い切れないからだろうと思われるかもしれません。

「お金を使うのは難しい」という言葉が意味しているのは、**「浪費をするのはとても簡単だけど、生きたお金の使い方をするのはとても難しい」**ということです。

さらに別の見方をすると「大富豪は生きたお金の使い方を重ねてきたから、大富豪になれたし、大富豪でいられる」ということもできます。

例えば、この章の最初で紹介したように、大富豪は一杯一〇〇万円もするような高額のワインを購入することがあります。

何でも高級なものが好きだからと、これをひとりで飲んでしまうのであれば、それは浪費と言われるかもしれません。

しかし、大富豪は一杯一〇〇万円のワインをここぞというパーティーの席などで振る舞い、ゲストに強烈な印象を残して、人脈作りに役立てています。

その結果、大きなビジネスに発展したり、より多くの重要な人々との出会いに繋がるのであれば、一杯一〇〇万円のワインは大富豪にとってはけっして高いものではないのです。これが、大富豪の考える「生きたお金の使い方」です。

このようなお金の使い方は、金額の高い、低いに関係ありません。たった数百円程度の買い物であっても、大富豪はとてもよく考えてお金を使っています。漫然とした買い物「何となく買ってしまった」と、あとになって後悔するような買い物をすることはまずありません。

私のお客さまである海外の大富豪の方は、来日すると必ず、日用雑貨チェーン店の名刺入れをいくつも購入されます。

その名刺入れは表面に和紙が貼ってあり、どこか日本情緒を感じるデザインなのですが、日本人からすれば別にどうということのない商品です。価格も八〇〇円程度と安価なものです。

しかし、この大富豪の方はこの名刺入れをとても気に入っていて、自分で使うだけでなく、ちょっとしたプレゼントにも利用されています。

名刺入れはビジネスシーンで必ず持ち出しますから、相手の目に触れる機会が多い小物です。外国で日本調の名刺入れを取り出すと「それは何ですか？」と尋ねられることが多いのだそうです。

そこで、自分は日本が好きでよく出向いていることや、この名刺入れは日本で買ったものでとても気に入っていることなどを話すと、とても話が盛り上がるといいます。

そして「余分がありますから、よかったら差し上げましょうか」と、まだ使っていない名刺入れをその場でプレゼントするのだそうです。

大富豪が懇意にしているようなハイクラスの方々からすれば、いかに何万円もするような高級ブランドの名刺入れといえども、とくに珍しいものではありません。

逆に、たった数百円の名刺入れであっても、それにまつわるエピソードや物珍しさがプラスされると、とても貴重なものに感じられます。

一つの安価な名刺入れが、会話のきっかけになるだけでなく、プレゼントしても喜ばれ、相手に強い印象を残すことができるのですから、これこそまさに「生きたお金の使い方」といえるでしょう。

飲食の場面でも大富豪は生きたお金を使おうとします。

きっと大富豪は素敵な女性がたくさんいるようなお店で、いつも派手に遊んでいるのだろうと思われるかもしれませんが、私はそういう大富豪を見たことがありません。

もちろん、たまにはゲストを連れて、そういったお店を利用することもあります。そのときは、そのお店に行くことが、お連れした方とのコミュニケーションの発端になったり、お互いの関係が深まったりすることを考えているのです。

生きたお金の使い方ということでは、大富豪の食器選びも見逃せません。

大富豪は、一点数十万円もするようなワイングラスでゲストにワインを供するだけでなく、日常的に自宅でご家族と食事をするときに使うお皿やグラスでも、一点五万円以上するような高級品を用いることが少なくありません。

なぜ高価な食器を使うかというと、飲み心地がよいとか、使っていて快適だとかの理由があるのはもちろんですが、「食器を丁寧に扱う意識が高まるので、自然と所作がエレガントになるから」というのも理由の一つです。

ですから、大富豪はご自分のお子さまにも高い食器を使わせます。その食器の価値をきちんと伝えて、丁寧に扱うよう教えるのです。

すると、動きが上品になっていきます。動きが上品になると、心も穏やかになるものです。

モノが動作を変え、さらには気持ちまで変えてしまうことをご存知なので、高価な食器を日常で用いるのは、まったく惜しくないわけです。

そうした考え方は、クルマ選びにも関係します。お子さまが免許をお取りになるとクルマを買い与える大富豪は少なくありませんが、初心者にしては少し贅沢なクルマを選びます。

だからといって金にものを言わせて、というわけではありません。スポーツカーは別ですが、それなりに値の張るクルマのハンドルを握るほうが、運転も丁寧になるから安全運転に繋がるとお考えになるのです。

一般の方なら「初心者のうちは、どうせこすったりぶつけたりしてしまうのだから、安いクルマで構わない」と思うでしょうが、そういう発想はないのです。

食器選びやクルマ選びも然りですが、大富豪は生きたお金の使い方を心がけて、実践しています。

私たちも、例えば日常の食卓に一点だけでも高価な食器を採り入れて愛用したり、クルマ選びで少し高価なものを選んだりするような姿勢は、比較的すぐに真似できるようなことではないでしょうか。

□〝生きた〟お金を使うよう日常的に意識する

第三章

世界の大富豪の
富を築く
人との付き合い方

01 人付き合いは、好き嫌いでお決めになります

大富豪には会社を経営するビジネスオーナーが多いので、人との付き合いも損得を優先するだろうと思う方も多いようです。

しかし大富豪の方々は、損得勘定によって、誰と付き合うか、誰と付き合わないかを決める人たちではありません。

以前、私のお客さまのところに、ある会社の役員が魅力的な投資話を携えてきたことがあります。相手は優良企業ですし、投資の中身もしっかりしたもので、騙そうという意図があるようには見えませんでした。

ところが面談のあと、大富豪が「もう、あの人とは連絡を取らなくてもいいよ」ときっぱりとおっしゃったのです。私からすると、付き合っておけば必ず得をする相手だと思えたので、これには驚きました。

「どうしてですか？　いいお話を持ってきてくれる人ではありませんか」とお尋ねすると、

「馬が合わないんだよ。たとえ儲け話を持ってきても、会っている時間のほうがもったいない」とお答えになったのです。

そのとき、大富豪は損得ではなく、好き嫌いで人と付き合っていることに気づきました。その方だけでなく、お客さまの大半にそういう傾向があるのです。

誰と付き合うかを好き嫌いで決めるなど、少し子どもっぽいと感じるかもしれませんが、そこには大富豪の深い考えがあるようです。

投資話を断った先ほどの方はこう教えてくれました。

「長くやっていればうまくいかないことがある。そのとき、仕事のパートナーを『許せる』かどうかは大事だ。損得で付き合っている相手なら、損をしたとき本当に嫌いになってしまうだろう」

大富豪は、**損得よりも好き嫌いで付き合う相手を決めたほうが、結局は人間関係が長続きするとわかっている**のです。

ですから、大富豪の方たちが最初に人間関係を結ばれるときも、損得勘定が表に出ることはありません。私自身がそのことを実感したエピソードがあります。

たまたま知り合った投資運用会社の社員から「富裕層向けの投資商品であなたと提携できないだろうか」という相談を受けて、その方の会社に出向いたことがあります。

すると、約束はなかったのに大富豪でもあるオーナー社長が顔を出して「飲みに行きましょう」と誘われました。

まだ日が落ちない時刻から近くの居酒屋で、その社長と飲みながら世間話や趣味の話で盛り上がり、あっという間に二時間が過ぎていました。その間、まったく仕事の話は出ませんでした。

それどころか、後日、ご自宅に招待され、その方が趣味で集めているコレクションの部屋に通されてまた会話を楽しんでいる間も、一切ビジネスの話はなかったのです。

しかしそのときには、お互いにすっかり打ち解けて、私も「この方となら一緒にビジネスを始めてもいいかな」という気持ちにさせられていました。最初からビジネスの話を切り出されたら、そんな気持ちにならなかったと思います。

大富豪が人と付き合うときは、まず友達のような関係を築いて、そのあとに仕事の話に入るのだと知りました。

大富豪の方々が、人付き合いで損得よりも好き嫌いを大切にする重要な理由がもう一つあります。

それは、**損得で繫がった人たちは、自分が財産を失ったときに、いとも簡単に離れてい**

ってしまうということです。

でも、気が合う人なら、財産の増減で急に関係が途切れることはないでしょう。大富豪は、万が一のときも失うことのない人間関係を大事にしているのです。

□人付き合いは、自分の好き嫌いで決める

□お金で始まった関係は、お金が無くなったら切れてしまう

02 人脈とは、無理を頼める人の数だと思っていらっしゃいます

大富豪の方々は、実はそれほど広い人脈を持っているわけではありません。

パーティーといった、人が大勢集まる場で名刺をもらうと、一応スキャンだけはしておくのですが、すぐに捨ててしまい、二度と手に取ることがないのです。

大富豪になるような方は、星の数ほど人脈がありそうだと思われがちですが、実際、普段お付き合いされている方は本当に限られていて、せいぜい二〇人くらいしかいないのです。

その二〇人の共通項は何かというと、**「自分が無理を言える人」という非常にシンプルなもの**です。その条件に合う人とだけ、深くお付き合いされるのです。

ただ、「無理を言える」といっても、自分に都合よくなんでも合わせてくれる人ということではなく、その人から無理を言われたら自分も応えていくという関係です。

大富豪の方々は、そもそも「人脈」という言葉をあまり使いません。日本人なら「友達」

といいますし、外国の方なら「ファミリー」という言葉を使います。

仕事で縁のある方でもビジネスパートナーとは呼ばず、「○○さんは、うちのファミリーだからさ」とおっしゃったりします。

ビジネスライクな人間関係ではなく、あくまでも友達付き合いを大切になさいます。いわゆる「茶飲み話」ができるかどうかで、付き合う人を選別しているのです。

大富豪の邸宅には、ときどき、素性のよくわからない方が訪ねてきます。もちろん、その方々も相当なお金持ちのようです。ファミリーですから、フラッといきなり立ち寄っても歓迎するのです。

皆さん、「ちょっと近くまで来たからさ」とやってきて、仕事の話をするわけでもなく、他愛のない世間話をして帰っていきます。そういう方々こそが、いざというとき、大富豪のために大仕事をするのです。

大富豪は、本当に助けてほしいとき、相手にとって相当に負担になるような頼みごとでも、ためらわずに言えるのが特徴です。

大富豪同士だと、自分の会社を引き継いでほしいというお願いが多々あるようです。

「自分はもう年だから、引退しようと思っている。会社は売却するつもりだけど、変な人に売ってしまうと転売したり、従業員を解雇したりするかもしれないから心配だ。ついては、あなたに引き取ってもらいたい。経営方針はそのままで頼むよ」というパターンです。

従業員ごと、しかも経営方針も変えず引き継ぐというのは、なかなかのプレッシャーでしょうが、その代わり、赤字になったら補塡《ほてん》するからというおまけ付きです。

必死になって名刺を増やさなくても、いざというときに無理を聞いてくれる〝ファミリー〟が二〇人もいる。そのほうが、結果的にプライベートもビジネスもうまくいくことを、大富豪の方々はよくご存知です。

□人脈とは、名刺の数ではなく、無理を頼める人のことを指す

□無理を聞き、無理を頼める人間関係を築こう

03 ワンランク上の人に会うように意識されています

最近は、会社の上司から飲みに誘われても、「気が重い」と断る人が多いと聞きます。それが社長だったらなおさらで、気後れして、できれば断りたいのが一般の方々の感覚ではないでしょうか。

たいていの人は、平社員なら平社員同士、管理職なら管理職同士というように、自分と共通点の多い、同じポジションの人たちと連れ立って行動することを好みます。そのほうが話も合いますし、安心して愚痴の一つも言い合えるからかもしれません。

しかし、大富豪の方々に話をうかがうと、自分が大富豪になる前は、**自分よりもワンランク上の方と積極的に会うことを意識していた**、とおっしゃいます。

ワンランク上というのは、自分が平社員なら課長や部長、自分が課長なら部長や役員です。飲みに行くときもそういう人たちと積極的に出かけたというのです。

大富豪の方々の視線はいつも「上」を向いており、仕事においてもプライベートにおいても向上心を忘れるということがありません。

若い頃から、ハイレベルな人たちと交流することで、自分自身も同じポジションに上がっていきたいという欲求を強くお持ちになってきたのです。

お客さまのなかに、一起業家から大富豪になった方がいます。その方はビジネスで成功される前から、上場企業の社長が集まる懇親会によく出かけていたそうです。

「ハイレベルな人たちと出会えるパーティーに行くと、そこで知り合った人にもっとハイレベルなパーティーに連れて行ってもらえることがあるんだ」と、その方は話しておられました。

どんなに斬新なアイディアをもって起業しても、すぐに大富豪になれるわけではありません。現実の話、大富豪になるためには、自分よりもハイレベルな人たちに引き上げてもらう必要があるのです。大富豪になられる方は、それをよくご存知です。

このお客さまも、有力者の力を借りて、助けてもらいながら、成功への階段を昇っていったのです。

ワンランク上の人たちの輪のなかに飛び込むというのは、少し抵抗があるものです。明らかに自分が一番下のポジションなので、「自分がここにいてもいいのだろうか」「場違いではないだろうか」と気後れしてしまいがちです。しかし、それが富を呼び込めるかどうかの分かれ目でしょう。

また、大富豪になるような方は、そもそも自己評価が高く、臆《おく》するということがあまりないようです。

かつてはベンチャーの起業家だったり、一般の会社員だったりという大富豪は皆さん、若い頃から「自分はもっとハイレベルな人間だ」「今のポジションにいるべき人間じゃない」と強く思われていたそうです。

ふつうの人がそんなことを口にすれば、「素敵な勘違い」と笑われるでしょう。ですが、そういう勘違いから大富豪が生まれてくるのです。

大富豪を昔から知っている、いわゆるお付きの方から、「ボスは昔からあんな感じでした」とお聞きしたこともあります。その方の「ボス」は、**大富豪になる前から、お金を持っているような雰囲気があった**そうです。そのせいか、ワンランク上の方々のなかにごく自然に溶け込んでいたそうです。

しかし、お付きの方によくうかがうと、「ボスはワンランク上の人たちと付き合っていくために、自分を変え、本物の大富豪になったんです」ということでした。

例えば、パーティーには上質の服やよく手入れされた革靴でお出かけになる、といったことです。必ずしも有名ブランドのものである必要はないそうです。ハイレベルな方というのは案外、有名ブランドのものはお召しになりません。

そのほか、ハイレベルな方が利用している店に自分のお金で行ったり、言葉づかいを真似したりしたそうです。

また、どういう店に行ってどういう会話をしているか、その会話から、どういうものの考え方をしているかを分析することもなさったそうです。

その方は、ワンランク上の人たちを手本にして、少しでも近づこうと意識されてきた結果、大富豪にふさわしい振る舞いを身につけ、セレブの仲間入りをしたわけです。

ワンランク上の方々との交流が、大富豪へと続く階段の第一段になるのです。

□気後れせず、ハイレベルな人たちのなかに飛び込む

04 人にご馳走になるのは大嫌いです

食事というのは不思議なもので、どんなものであれ、ちょっとでもご馳走になると、引け目というか、「ご馳走になってしまった」という気持ちが生まれるものです。

大富豪とて、それは同じことです。自分がご馳走になった人から、何か頼まれると、なんとなく断りづらくなります。そういうしがらみが煩わしいので、大富豪はご馳走になるのを嫌うのです。

逆に、自分がご馳走する側になると、大富豪は喜んで人をもてなします。

ご馳走することで、いろんな人に自分のことを覚えてもらって、「もしものときはよろしく」と言って歩きたいのです。

ご馳走することは、ビジネスチャンスに直結するといわれますが、実際、人はご馳走してくれた人に対して、誰しもいい印象を持つものです。

同じ料理を食べながら、「どこの出身か」「どんな味が好みだ」といった情報を交換し合うと、一気に距離が縮まります。**ご馳走してもらうと、そのことがいい印象として記憶に刻まれます。**

そして大富豪は、できるだけ多くの人に、自分に対していい印象を持ってもらいたいと考えています。人からいい印象を持たれるほど、自分が精神的にも金銭的にも豊かになっていくことを、経験的にご存知だからです。

「人に何かを振る舞ったりするのは、それ自体が、富を築くための種まきなんだ」とおっしゃっている方もいます。

大富豪には、いざというとき、手弁当で事業を手伝ってくれたり、好意で自分のビジネスを宣伝してくれたりする知り合いが大勢います。皆さん、大富豪が普段から食事をご馳走し、一緒に遊びながらコミュニケーションを取っている方ばかりです。自分のために働いてくれる人が多いのは、大富豪のご馳走好きの結果とも言えるでしょう。

こちらから声をかけたにもかかわらず、大富豪から「今日は割り勘にしましょう」と言われることもあります。そんなときは、コース料理とは別に、必ずアラカルトで一皿余分に頼みます。

そして、「これは私がどうしても食べたかったんですよ。よかったら半分どうぞ」と言ってシェアします。そして食事が終わると、「今日は私がアラカルトを頼んでしまったので、ここは払わせてください」と言って勘定書をさりげなく手にします。

そこで、相手が「いやいや、今日は割り勘という約束ですから」と、どうしても譲らない場合は、「では、このアラカルトの分は私が」と返答します。最初の目論見とは違いますが、それでアラカルトの半分は自分がご馳走したことになります。

ご馳走されるのが嫌いな大富豪の方々ですが、ご招待を受けることが多いので、すべて断ることはできません。そんなときも、大富豪ならではのノウハウで有利に立つ方法をご存知です。

例えば、パーティーに招待されたときです。そこで出されるワインや料理が五万円相当だとしたら、その額以上の六万円、七万円相当のものを手土産で持参するのです。

不本意ながら相手にご馳走になってしまったときは、「それでは、次回は私がぜひともご馳走させてください」と言って、必ず次の機会を作ります。そのときは決まって、自分がご馳走になったものより高い食事をご用意されます。

ただし、必ずしもお金をかければいい、ということではありません。

人はただ高いものをご馳走されたからといって、「おごってもらった」「ありがたい」と思うわけではありません。

以前、私はある初対面の大富豪の方に、「行きつけの店があるので、ちょっと今からどうですか?」と、お食事のお誘いを受けたことがあります。どんなに高級なお店に連れて行かれるのだろうと緊張しながらついていくと、どこにでもありそうな居酒屋でした。支払いはひとり三〇〇〇円で、私が財布を取り出したところ、「いや、誘ったのは私ですから、私が出します」と頑として受けつけてくださいません。

その後はご自宅にもお招きいただく仲になり、その方の人柄にすっかり魅了されてしまいました。

人の心は、金額で決まるワケではないということです。

□「ここぞ」というときに人にご馳走してみよう

05 来る者は拒まず、去る者を追われます

大富豪は、意外と付き合う方の人数が少ないというお話をしました。本当に懇意にしている友人は二〇人ほどに限られています。だからといって人嫌いなわけではありません。いつでも門戸は開かれていて、大富豪はいろんな方々とお会いになります。

大富豪の人付き合いのスタイルは「来る者拒まず、去る者追わず」なのかと思われるかもしれませんが、ユニークなのは、**去る者は「追う」**ということです。自分のもとを去っていく方に対しては、熱心にアプローチされるのが大富豪の特徴です。

例えば、いつも大富豪のところに出入りし、厚い信頼を寄せていた証券会社の営業マンが会社を辞めて転職したり、異動で担当を外れてしまっても、「最近、会ってないから、どこかに遊びに行こう」と連絡を取ったり、お付き合いを続けようとします。

この姿勢は、従業員に対しても同じです。大富豪の方々は、従業員が辞めて半年か一年

経った頃、電話やメールで「最近どうだ。元気にやっているか」「新しい職場は楽しいか」などと近況をお尋ねになるのです。私はそれがどうも腑に落ちませんでした。

ふつう従業員から会社を辞めると言われたら、社長はあまり面白くないものです。裏切られたような気分になって落ち込んだり、相手を恨んだりすることもあるかもしれません。まして、辞めていった人を、半年後まで気に掛けている社長は、なかなかいないでしょう。

そんな私の疑問に、ある大富豪がこう答えてくれました。

「私は大富豪になれたが、全部が自分の力によるものではない。従業員が一生懸命働いてくれたからこそ今の地位があるんだよ。だから会社を辞めた従業員も同じように大切な存在なんだ」

この方は、きれいごとではなく、本心からそうおっしゃっているのです。

その証拠に、辞めていった従業員全員に対してときどき「元気か」と片端から電話をなさっていました。

電話の先の相手が「元気です」と言えば、「それはよかった。元気なら、たまには顔を見せてくれよ」と返し、「ちょっと大変なんです」と弱気の返事を聞くと、嬉しそうに「じゃあ、戻ってくればいいじゃないか」と言います。

大富豪は本心を素直に表に出される方たちです。「つらかったら、いつでも戻ってこいよ」

というのは本音です。実際、大富豪の言葉に従って、戻ってくる方も少なからずいるそうです。

出戻りの従業員は、今まで以上に働いてくれます。**一度辞めた自分をまた雇ってくれた大富豪に恩義を感じ、一層の忠誠心を持つからです。**

「お金をかけて求人広告を出し、知らない人を雇って教育を施し、実力を試して――ということをするよりも、うちで働いた経験のある人をもう一度雇うほうがはるかにいいじゃないか」と、その方は言います。

大富豪は、たとえ辞めていった従業員でも、自分の会社で働いてくれたことをいつまでも感謝しています。だから、ときどき電話をかけては近況を尋ねているのです。

そうやって、人の縁を切らないからこそ、復帰し、今まで以上の働きを見せてくれる従業員が現れたり、たとえ自分の会社に戻らなくても、その人を介して新しいビジネスに発展したりということがあるのです。

人との縁を長い目で見ているところも大富豪の特徴だと言えそうです。

□去っていった人にもときどき連絡を取る

06 多くの人に会うことがお金を生み出すことをご存知です

大富豪は、日々多くの人にお会いになります。名刺の発注の頻度からすると、一ヵ月で一〇〇人は下らないでしょう。一般の方でも、営業や接客の仕事をされている場合は、同じくらいの人数と会っているかもしれません。

ですが、大富豪の方々は、仕事以外で新たに一ヵ月に一〇〇人と会っているのです。たいていの場合、大富豪は会社の名刺とは別に個人用の名刺を持っています。個人用は、社名や肩書などは一切なく、名前とメールアドレス、電話番号など、最低限の連絡先が入ったシンプルな名刺です。私ども執事が管理するのは、主にこちらの名刺ですが、それを月に一〇〇枚はどなたかに渡されているということです。

単純計算すると、一日三人、年間一二〇〇人もの人と、しかもプライベートで知り合うことになりますから、やはり相当な数といえます。これだけ多くの人に会っているとなると、アポイントを取るだけでも大変な作業だと思われるかもしれませんが、そうでもありません。

信頼できる知人から人を紹介されたり、パーティーなど大勢が集まる場に誘われたりするので、あらかじめアポイントを入れる必要はないのです。また、たまたまふらりと立ち寄った友人の家で、居合わせた人と話がはずみ、「次はぜひうちに遊びに来てくれ」と自宅に招待することもあります。

もともと人と出会うチャンスが多い上に、基本的に「来る者は拒まず」の姿勢でどなたでもオープンに受け入れますから、プライベートでもこれだけ多くの人と知り合うことができるのです。

大富豪が、今まで知らなかった人たちとお会いになろうとする意欲は並大抵のものではありません。その積極性の裏には、ビジネスのチャンスに繋がるという理由も潜んでいます。

「どれだけ頑張っても、自分ひとりでできることには限界がある。何か事業を興すにしても、自分とは違う才能を持ったパートナーや、安心して仕事を任せられる協力者が必要だろう。大切なのは、そうした人たちを点と点で繋いで、儲ける仕組みを作り上げることなんだ。そこで初めて、ひとりではできないような大きなことができるようになる。その仕組みを回していくことで、得られる利益も大きくなるんだよ」

パートナーや協力者となってくれる人がいて初めて、儲ける仕組みを作ることができる。だからこそ、多くの人と会うことが大切なのです。

なぜなら、出会った人すべてと縁が繋がるとは限らないからです。自分と本当に合う人はそう簡単には見つからないことを、大富豪の方々はよくご存知です。

大富豪の周りには、莫大な資産の恩恵にあずかりたいと不純な動機で群がってくる人も少なくありませんし、そうでなくても、自分の感性に合う人、合わない人がいます。

「次も会いたい」と思える人かどうか、大富豪は厳しく見極めます。人によっては、個人用の名刺をさらに種類分けして、名前とメールアドレスだけのもの、電話番号まで入っているものなどを複数用意し、相手に応じて渡す名刺を変えている方もいます。

それでも月に一〇〇人もの人に会っていれば、自分のアンテナにひっかかる人が何人かは見つかるものです。

よいビジネスパートナーと出会えれば一緒に新しい事業を立ち上げたり、期待できそうな若手が見つかれば、その人に投資して、何年かあとに大きな利益を手にしたりできるのです。

人との出会いがチャンスを生むのは、大富豪だけに限った話ではありません。ある会社の営業マンは、高級車のオーナーが集う趣味のサークルで資産家の方と知り合いになり、その方からお客さまをたくさん紹介してもらったそうです。

私の知り合いも、社会人大学院で同業者と出会い意気投合したことから、新しい事業計画を二人で作り上げ、それぞれの社に働きかけて、共同事業を立ち上げようとしています。

ほかにも、セミナーや勉強会で社外の人と知り合う方も多いようです。ビジネス上の課題を深く議論したり、お互いの知恵を集めてプランを練り上げていくなかで、深い絆が生まれるといいます。

実際、セミナーで仲間になった者同士で共に事業を興したり、勉強会で築いたネットワークを介して転職の誘いがかかったりすることもあると聞きます。

人との縁は意外なところで繋がって、思いがけない何かを生み出すものです。大富豪のように一カ月に一〇〇人とはいかなくても、多くの人に会えば会うほど、新しい何かが生まれるチャンスが広がっていくことは間違いないでしょう。

□たくさんの人と会って、よいパートナーを探す

07 名刺交換をしていないビジネスパートナーが多くいらっしゃいます

大富豪はプライベートで一カ月に一〇〇枚名刺を配るという話をしましたが、それは出会うたくさんの人のなかからひとりでも自分と相性のいい人を探すためです。しかし、けっして効率のよい方法とは言えないでしょう。むしろ、**大富豪が重視しているのは、名刺交換をしない人間関係です。**

私どもが執事をしていて困るのが、「〇〇さんに連絡を取ってほしい」と頼まれたときです。「名刺か何か、ございますか?」とお尋ねすると、「ない」と当然のようにおっしゃいます。

それでは連絡の取りようがないので困っていると、「携帯の番号がここに入ってるから」とご自分の携帯電話をお出しになります。そこで、番号を書きとり、アポイントを取ることがしばしばあります。

大富豪の方々があまり名刺に頼らないのは、ビジネスライクなお付き合いより、親しい方々とのプライベートな交流を大事になさっているからです。

一般の方でも、「いつも一緒に釣りに行くのに、そう言えば名刺をもらったことがない」など、趣味で知り合った方とはあまり名刺交換をしないのではないでしょうか。

しかし、そういう方々とは、損得勘定のないお付き合いをしているので、信頼関係が強くなります。実際にそういう方と仕事をすると、お互いに譲歩できるので、仕事をする上でもスムーズにコトが運びます。

例えば「あまり条件はよくないけれど、どうしようかな」という仕事の依頼でも、親しい相手だと、つい受けてしまうこともあるのではないでしょうか。それはストレスなくやりとりができるからです。

また、気心の知れた間柄なら交渉もしやすいというものです。「この条件では受けられません」とか、「もう少し考慮してください」とはっきり言っても人間関係にひびが入ることはないでしょう。

大富豪は、このように**名刺交換から始まっていない人間関係のほうが、ビジネスがうまくいくことをご存知です。**そして、そういう人ほどビジネスパートナーにふさわしい、つまり富を生み出す相手と考えているのです。

もう一つ、大富豪は地縁を大切にしているという特徴もあります。

ある大富豪の方から、「△△さんと会って仕事の話をしたいんだけど、都合を聞いてくれないか」と言われて、「電話番号とか名刺はございますか？」とお尋ねすると、案の定「ない」とのこと。

「どちらのお方なのですか？」とうかがうと、「五軒先が△△さんの家だ」とおっしゃいます。言われた通り、五軒先の△△家の呼び鈴を押して、ご都合をうかがって参りました。△△さんは古い友人でもありませんし、仕事上のお付き合いもないようです。どこで出会われたかが不思議で、お尋ねしてみました。すると意外な言葉が返ってきたのです。

「朝、うちの前を掃除していたとき、向こうも家の前を掃いていたんだよ。そのときにたまたま立ち話になって、広告会社を経営していると聞いたので、今度、一緒に何かできるんじゃないかなと思ってね」

ご近所付き合いも名刺を介さない関係ですが、大富豪の場合、そこからビジネスに発展することもあるというわけです。

有名企業にお勤めの方のなかには、好んで名刺交換をしたがる人がいます。企業の看板がよほど誇らしいのでしょう。

大富豪はそれとは逆で、自分の肩書をむやみに公表したがりません。経営している会社名はもちろんのこと、住所、電話番号もなく、お名前とメールアドレスしか刷っていない名刺を持ち歩いていることもあります。

ある大富豪は、上場企業の創業者の一族なのですが、会社の名刺のほかに、別の名刺を作っています。

名前のほかに、ご自身が代表を務めている慈善団体の名称しか入っていないものです。その方は、「仕事以外で、どうしても出さなければいけないときに使うんだよ」とおっしゃっていました。

例えば、ひとりでゴルフに行ったときなどです。ゴルフ場にひとりで行くと、初対面のほかのメンバーと、四人グループになって、コースを回ります。一日中一緒にコースを回り、ご飯を食べていると、「せっかくだから連絡先の交換くらいは」となります。

その大富豪の方は、平日の昼間に行くのが好きなのですが、その時間帯に来ている方のなかには中小企業の社長も多くいらっしゃいます。

そこで名門の上場企業の名刺を出すと相手にプレッシャーを与えてしまうので、あえてシンプルな名刺を出すのだそうです。

自己紹介のときに、肩書のない名刺を差し出す人がいたら、その人は大富豪という可能性があるかもしれません。

□名刺を必要としない人間関係を大切にする

08 怪しげなビジネスの話を持ってくる人が大好きです

大富豪のところには、怪しげな儲け話が持ち込まれることが少なくありません。

ふつうは、実現しそうもない怪しげなビジネスの話に、ただ面白いからといってのめり込む方はいないでしょう。そのような話を詳しく聞いてしまったら、断りにくくなってしまうので、早々に話を切り上げようとするのが、一般の対応ではないでしょうか。

しかし、大富豪は違います。**信頼できそうなわかりやすい儲け話よりも、むしろ怪しげなビジネスの話に興味を持つ**のです。

例えば、顧客が将来亡くなったらその遺体を保存しておき、医療技術が進歩したときに再生する（生き返らせる）ビジネスや、一切店員を置かず、すべてをオートメーション化した無人レストランや、顧客が亡くなったあとに、人工知能を持った本人そっくりのロボットを作って売るビジネスとか、そういったＳＦの世界のような話です。

あまりに突拍子もない話なので、面談をお断りになるだろうと思いながら私がお取り次ぎすると、大富豪は大事な時間を割いてお会いになり、目を輝かせて「もっと詳しく話を聞きたい」と言うのです。

そして実現不可能、理解不能と思われる話でも、「それはどういう仕組みでやるの？」「何年後なら実現可能なの？」と矢継ぎ早に質問します。

大富豪は、こういう夢のような話が大好きなのです。とはいえ、考えてみれば、私たちの周りには、携帯電話や電気自動車など、ほんの数十年前にはＳＦの世界のなかにしか存在しなかった商品がたくさんあります。

ビジネスモデルも同じです。例えば、パソコンが普及しはじめた二〇年くらい前、まだインターネットを利用している人が少なかった時代に、「インターネット上に商店街を作ろうと思っています。投資してください」と言っても、見向きもされなかったでしょう。

ほとんどの人が、「インターネット上の買い物なんて誰もするわけがない」「そんなビジネスが成功するはずがない」と思っていたからです。そういうビジネスに投資するのは、かなり勇気のいることです。

しかし、現在はどうでしょうか。パソコンのみならず、携帯電話やタブレットを使って、誰でもインターネットに手軽にアクセスできるようになりました。そして今ではネット商店街とかオンラインモールとか呼ばれるウェブサイトで、ネットショッピング、つまり買い物をするのが当たり前の時代となりました。

怪しげなビジネスと思われていたものが、数十年後には巨額の富を生むビジネスとなったのです。

今は不可能に思える話でも、一〇年後、二〇年後には当たり前になっている可能性があるのです。大富豪の方々は、そうしたことを冷静に考えた上で、怪しげなビジネスの話にも興味を持たれるのです。

ただし、怪しげなビジネスに実際に投資をするかというと、それは別の話です。投資する価値があると確信が持てる話であれば、大富豪は多額の投資をなさいますが、怪しげな話というのは、途中で頓挫《とんざ》する可能性も高くなります。

ですから、前にも話が出ましたが、そのビジネスの内容に加え、投資に失敗しても許せる相手なのかどうかで最終的には判断なさるようです。

実際に投資をしないのに、話を聞くのは、時間の無駄ではないかと思われるかもしれませんが、それは違います。

そのときはまだ機が熟していなくても、二年後、三年後にビジネスとして成り立ちそうになったら、誰よりも早く手を挙げ、よい条件でビジネスに参入することができるからです。

ビジネスの話を持ってきた人にとっても、怪しげな話だと言って誰も相手にしてくれなかった時代に、大富豪だけは真剣に話を聞いてくれたという気持ちがありますので、ビジネスパートナーとしての信頼関係も強固なものになります。

大富豪が**怪しげなビジネスの話をお聞きになるのは、そこに大きな可能性と先行者利益が含まれているから**なのです。

一般の方が、怪しいビジネスに巨額の投資をすることは難しいかもしれません。ですが、怪しげだからというだけで敬遠するのも賢明とはいえないでしょう。

将来に対するビジネスセンスを磨くという意味でも、大富豪のように、とりあえず話を聞いてみてはいかがでしょうか。

□夢物語のような話にも一度は耳を傾ける

09 大きな権威よりも、小さな信頼を重視なさいます

大富豪は、看板の大きさで物事を判断しません。

例えば、一般の方々は大金を銀行に預ける場合、大手銀行、いわゆるメガバンクを選択されることが多いと思いますが、大富豪の方々は、プライベートバンクや地方銀行、信用金庫などともよくお取引しています。

ふつう、大手銀行を利用するのは、大金を預けるには大きな銀行のほうが信用できるという固定概念があるからではないでしょうか。

しかし、**大富豪が銀行を選ぶときの基準は、会社の規模ではなく、自分をどれだけ大切に扱ってくれるか**です。

五〇〇〇億円の資産を持っていたとしても、大手銀行であれば一部上場企業以上には見てもらえませんが、信用金庫などに五〇〇〇億円も持っていけば、企業も含めて一番の上顧客として大切にしてもらえます。

これは、一般の方々についてもいえることです。大手銀行にこつこつお金を貯めて、一〇〇〇万円、二〇〇〇万円の貯金ができたとしても、せいぜいサービスでくれる品がポケットティッシュからボックスティッシュに変わるくらいでしょう。

いざ住宅ローンを組もう、事業資金を借りようというときに、ほかの預金者よりいい金利を提示してもらえるかというと、そんなことはありません。

その点、小さな銀行では二〇〇〇万円という預金のインパクトはかなり大きくなります。また、それまで自分たちの銀行で、こつこつお金を積み立ててくれた、という信頼も考慮してもらえる可能性が高くなります。

大富豪が大手銀行ではなく、小さな銀行を好まれる理由はもう一つあります。

それは、銀行の都合で担当者が頻繁に替わらないことです。繰り返しになりますが、大富豪は人を見てビジネスをなさいます。

営業担当者が、自分のために親身になってくれる人物なのかどうかを見るわけです。そして、お眼鏡にかなった人とは長くお付き合いをするのです。

しかし、大手銀行では、転勤やほかの銀行に引き抜かれるなどして、だいたい三年に一回くらいのペースで担当者が替わります。それだと人間同士の絆が深まっていきません。

それもあって小さな銀行を好むのです。

ちなみに大富豪は大手銀行ともお取引をしますが、信用している担当者がほかの銀行に転職すると、その担当者と一緒に金融機関を乗り換えることもしばしばあります。

実は大手銀行では、引き抜きで顧客ごとごっそり持っていかれる、という話が少なくないのです。

このことからも、お金持ちの方々が会社の権威より担当者本人への信頼をいかに重視されているかがわかるかと思います。

看板で相手を判断しない大富豪の姿勢は、ビジネスでも同様です。

通常、異業種交流のパーティーなどで人を紹介されたとき、名刺の肩書を見て、大手企業だとそれだけで感心してしまうのではないでしょうか。

大富豪は、大手企業であっても中小企業であっても、分け隔てなく話を聞きます。むしろ、会社の看板で勝負できない分、小さな会社のほうが、自分の実力で頑張ってきた人が多いことを大富豪は知っておられます。

大切なのは人間の本質を見極めることです。

その点、大富豪は、人間の本質を見極めることが得意なので、名刺の肩書に左右されることはないのです。

□自分を大切に扱ってくれる人を見極める
□肩書を見ず、人を見る

10 ここぞというタイミングでは、身銭を切ります

大富豪の方々は、いざというときに身銭を切って大金をお使いになります。

ある大富豪は、ひとりで旅行されるときはエコノミークラスを使うのに、ご家族やご友人との旅行には、プライベートジェットをチャーターします。

また、別の大富豪で、自分ひとりで外食するときはリーズナブルな日替わり定食などを注文するのに、ご友人やビジネスパートナーにご馳走する際には値段も味も極上の豪華な料理をご注文になる方がいらっしゃいます。

これらの話は、お金の使い方という意味では突出しているかもしれませんが、そもそも大富豪はお金持ちなので、この程度の身銭はいくら切っても、痛くも痒《かゆ》くもないわけです。

しかし、大富豪の方々がまだ大富豪になる前、一般の方とそう変わらない収入だったときから、いざというときのために身銭を切っていらしたと聞けば、話は違うでしょう。

私のお客さまに、スポーツ用品メーカーを立ち上げて成功された大富豪がいらっしゃいます。

その方は、スポーツ用品メーカーでサラリーマンをしていた時代に、卸会社や小売店の担当者に、自腹で食事をご馳走し、日頃のお取引を感謝していたといいます。

夏休みや冬休みにご自分が旅行された際には、お土産を買ってきて、「私が休んでいる間、ありがとうございました」と言って、それを渡していたそうです。

また、同じ方が次のようなエピソードを披露してくれました。

「小売店の方たちとゴルフの試合を見に行ったとき、たまたま有名なゴルフプレーヤーからサインをもらえる機会があったんだ。一緒に行った人のなかにそのプレーヤーの熱烈なファンがいてね。これはチャンスと思ったんだが、ペンはあるが書き付けてもらうものがない。慌てて売店に走って帽子を買ったよ。それにサインしてもらって、小売店の人に渡したら本当に喜んでもらえたんだ」

数年後、その方が起業したとき、サイン入りの帽子を渡した相手が全面的に応援してくれたとのことでした。

また、ある大富豪の方は、会社員時代に年賀状作戦をされていたといいます。取引先の方には、ふつう会社の年賀状を使って、新年のあいさつをされると思います。なかには節約のため、プライベートの年賀状まで、会社の年賀状を拝借する方もいるようです。

この大富豪は、仕事関係でも親しい方には、自宅の住所で個人的な年賀状をお出しになっていたというのです。

会社の経費ではなく、ご自分の懐から出費することになります。ですが、身銭を切る意味は十分にあると、その大富豪はおっしゃいます。

「こちらからプライベートの年賀状を出すと、かなり高い確率で相手からもプライベートの年賀状をいただけるんだよ。プライベートの年賀状には、お相手の住所はもちろん、奥さまやお子さまの写真、あるいはお孫さんの写真など、個人的な情報が含まれることもある。実はその方が愛犬家だったり、こよなく猫を愛していたりということも、使われている写真からわかるものだ」

仕事上の関係だけでは知りえなかった、そういう個人的な情報を得ることで、「このお客さまは愛犬家でいらっしゃるから、犬に関係する贈り物をしよう」などと、人とは違ったアプローチができるのです。

ご自宅に贈り物をお届けすれば、奥さまからお礼状が届くこともあるでしょう。こうした一歩踏み込んだ人間関係が、起業してからの取引へと発展することも少なくないのです。

年賀状は一枚五二円ですから、一〇〇枚出しても五二〇〇円です。たったそれだけで、貴重な人脈が得られるのだから、たいへん得だといえましょう。これなら、誰にでもすぐに真似できるのではないでしょうか。

ただし、これはある程度親しい相手に限られます。たった一度名刺交換をしただけなのに、プライベートの年賀状を送ると不審がられてしまいますので、そのタイミングの見極めが大切です。

□身銭を切って人間関係を深める

11 信頼するのは、親族か幼馴染みと決めておられます

大富豪の方々には、必ずと言っていいほど「代理人」と呼ばれる人たちがいます。代理人というのは、大富豪が忙しいときに、大富豪の代わりに仕事の決断などができる権限をお持ちの方です。

この代理人を務めるのは、たいていの場合、大富豪の親族の方々です。あるいは幼稚園から小学校、中学校も同じで、「もう付き合って三〇年以上です」というような幼馴染《おさなな》み《じ》です。

なぜ、**親族や幼馴染みに代理人をお任せするのかというと、このような方々は、めったなことでは大富豪を裏切らないから**です。というのも、親族や幼馴染みというのは、大富豪と一対一の関係ではありません。

例えば大富豪の叔父さんであれば、父母どちらかの弟に当たります。叔父さんが何か不始末を起こしたら、親族全員から責められてしまいます。親族というのは切っても切れな

い関係ですので、勝手に会社を辞めたり、不正を働いて裏切ったりするといったことができないのです。

幼い頃からの友達も同様です。幼稚園の頃から家を行き来する関係というのは、家族ぐるみのお付き合いをしていることが多く、何かあれば、すぐ両親に話が伝わってしまいます。

子どもが何か不祥事を起こせば、親が代わって補わなければなりません。ご両親や古くからの友達など、複数の人たちが絡んでいるので、おかしなことはできないのです。

つまり、親族や幼馴染みというのは、周囲の人間関係も含めて、深い絆で結ばれている関係です。そういう方々を大富豪は信頼されるのです。

代理人だけでなく、会社を経営なさっている場合は、副社長や専務などの役員を親族で固めている場合も少なくありません。

いわゆる同族経営です。同族経営の会社というのは、経営が盤石であることが多いのです。それは、どんなに苦しい状況でも、親族で一致団結して、乗り越えることができるからでしょう。

仮に、会社の資金繰りが厳しくなっても、親族であればある程度の期間は給料なしで働いてもらうことも可能です。

私のお客さまにも、「起業した最初の頃は、経営が苦しかったので、親族には給料を払うことができなかった」という大富豪の方がいらっしゃいます。

苦境を察して、「仕方がない、ここは自分が給料なしで働いてやるよ」と、二年近く無給で働いてくれた叔父さんもいたそうです。

しかし、ご自身の生活もありますから、この叔父さんは、昼間は別の会社で働いて、夜と週末に大富豪の会社を手伝ってくれたといいます。

大富豪の奥さまに至っては毎日、当たり前のようにタダ働きをなさっていたそうです。

これはけっして生易しいことではありませんが、「タダ働きでもどうにかしなければ」と思えるのは、やはり親族だからに違いありません。

一方、大人になってからの友達は違います。話してみたら気が合って、利害関係も一致するので、友達と起業した、という話をよく聞きますが、だいたいお金のことでもめて、何年後かに会社が消滅しているケースが多々あります。

儲かっていれば、お金でもめることなどないと思われるかもしれませんが、設備投資などのお金の使い方や、給料の配分などで意見が衝突して、一方が辞めてしまうなどして解散に追い込まれることもあるのです。また、儲からなければ儲からないで、相手を批判し合って、仲間割れしてしまうことも。

起業して最初の一年、二年は利益が出る保証がありません。タダ働きとまでいかなくても、約束していた給料がきちんと払えなくなる事態は十分ありえます。それでも、初志貫徹で苦労を共にできるかが、会社の存廃を左右します。

大富豪はそういう事情をよくご存知だから、起業するときは苦労を共にできる人を選び、その後、大富豪になったときは、そういう人を代理人に指名するのです。

□親族と幼馴染みは裏切らない相手

□大人になってからの友達関係は利害が反すると縁が切れてしまう

12 他人への期待は、一切なさいません

お客さまに、どうやって大富豪になったかをうかがうと、本当にいろんなタイプがいることがわかります。代々、大富豪という貴族、華族のような方もなかにはいらっしゃいますが、多くの大富豪は自分が一代で富を築き上げたか、あるいは先代、先々代が事業などで成功し、その資産を引き継いでさらに増やしたという方が多いようです。

一代で大富豪になった方に「富を増やす方法」をうかがいますと、お金を稼ぐ仕組みを作ることが大事なようです。大富豪が「仕組み」を重要視していることについては、すでに申し上げてきた通りです。

最初に仕組みを作って、自分のビジネスプランを実行するのですが、自分ひとりでは絶対に資産を増やすことはできません。

そのためには、いろいろな人に協力してもらわなければならないのです。会社を経営している大富豪であれば、従業員を雇い、その従業員にビジネスを動かして、成果を上げて

もらわなければなりません。

その時点では、大富豪は従業員にたいへんな期待を寄せるそうです。それは当然でしょう。従業員の頑張りがなければ会社は成長しません。ある程度成長しても、もっと大きな成長を見込めば、従業員に対しての期待も膨らむばかりです。


ところが、そのうちに他人に期待することはなくなるとおっしゃる大富豪が少なくありません。私は、すでに大富豪になった方のお世話しかしておりませんが、そう言えば、他人に期待する大富豪は見たことがありません。

大富豪は、優秀な従業員には大きな期待を寄せ、期待通り働いてくれる人にはたくさんの報酬を払うのだろうと思っていたので、意外な事実でした。

そこで、ある大富豪に、「なぜ他人に期待しないのですか」とうかがったことがあります。

「事業が軌道に乗り、自分の資産も増えてくると、自分がいろんな人に支えられているという感謝の気持ちが強くなるんだよ。そして、あるときから今度は自分が従業員を支えていかなければならないという大きな使命感を持つようになる」

事業を軌道に乗せるまでは、当然、従業員の働きに期待しますが、ある程度、会社が成長し、さらに会社を大きくしようと思う頃に従業員への感謝が生まれるようです。

自分を信じて、会社で働いてくれている従業員たちの生活を豊かにしていくんだという気持ちが強くなり、一方で他人に期待する気持ちのほうは薄れていきます。

事業はさらに拡大し、お金持ちから大富豪となります。この頃には、もう他人に期待することは一切ないといいます。

「逆に、自分についてきてくれた従業員たちの期待に応えなければならないと思うようになるんだ。この人たちの生活を守るために、自分はもっと頑張らないといけない。失敗は絶対に許されないぞと身の引き締まる思いだよ」と先ほどの大富豪はおっしゃいます。

自分が経営している会社の従業員とその家族の生活への責任は、けっして軽いものではありません。

肩にのしかかる責任感と、それに伴う心の負荷は、私たちには計り知れないものがあるのでしょう。

大富豪ひとりの肩には、何百人、何千人という人たちの生活がのしかかっています。その重圧に耐えられるかどうかも、大富豪になれる条件であると言えそうです。

□期待ではなく感謝に変えよう

13 お受験は、わが子が大富豪になる一歩だとお考えになります

多くの大富豪は、お子さまを幼少期から名門校へ通わせたいと思っているようです。いわゆるお受験です。海外の大富豪ですと、ボーディングスクールといって、名門の寄宿学校へ入れることもあります。

これは、ただ質の高い教育を受けさせたいからだけではありません。もし、質の高い教育を受けさせたいだけなら、優秀な家庭教師を雇ってマンツーマンで勉強させるほうが理に適っています。

大富豪が名門校にこだわるのは、お子さまに小さい頃から有益な人脈を築かせるためです。名門校に通われているのは、皆さん、それなりの良家のお子さまたちです。そういう方々とお友達となり、将来はビジネスで協力し合えるような幼馴染みの関係になってくれればと考えているのです。

名門校には、それこそ大富豪から有名政治家まで、国内外の政治経済に影響力を持つ人

たちのお子さまたちが通われています。そういうお子さまたちと親しい人間関係を築くことこそが、将来の安定を約束してくれることを大富豪は知っているのです。

「万が一、事業に失敗して、お金を全部失うことがあっても、いい人脈があれば、なんとか這い上がっていけるものだ」

私が存じ上げている大富豪は、そうおっしゃっていました。

前の項目でもお話ししましたが、大富豪が心底、信頼なさっているのは、親族と幼馴染みだけです。

名門校で知り合ったお友達が将来、信頼できる幼馴染みとなって、自分の代理人となるかもしれませんし、万が一、お子さまが事業に失敗した際には、投資などで協力してもらえるかもしれません。**そのような幼馴染みを何人作れるかで、わが子の将来が左右されると大富豪は考える**のです。

一般の方たちの興味は、大富豪でもない人でもわが子を名門校に入学させるメリットはあるのだろうかということだと思います。それについては、大いに利点があるのではないか、というのが私の意見です。

実際のところ、お子さま同士の間では、親の肩書が問題になることはそれほどありません。人間同士、ご学友としてお過ごしになるでしょう。その時間が重要なのです。

ドラマなどでは、大富豪のお母さまを頂点とした〝ママカースト〟が存在し、一般家庭のお子さまが大富豪の家から排除されるといった描写があるようですが、あれは作り物の世界に過ぎません。確かに大富豪のお宅には、壊したら弁償できないような美術工芸品がたくさんあります。そのため、わが子に「そんな物を壊したら弁償のしようがないから、遊びに行くのはやめなさい」という親御さんも少なからずいます。

ですが、大富豪のお母さまは、わが子が孤立するのを嫌がりますから、親御さんの肩書に関わりなく、すべてのお子さまをご自宅にお呼びになりたがります。

そもそも、入学を許可された時点で、その名門校の仲間として受け入れられているわけですから、大富豪の家に呼ばれたら喜んでうかがえばいいのです。

一般の方々であっても、多少無理をして、お子さまを名門校へ入れる価値はあるというわけです。学費やPTA、お母さま同士のお付き合いなど、大変な面もあるにはあります。しかし、お子さまを将来、大富豪とまでいかなくても、それなりのお金持ちにしたいと考えるなら、幼少の頃から名門校に入れる選択肢は賢明だと思います。

□お受験で有益な人脈が手に入る

第四章

世界の大富豪の富を築くお金の哲学

01 不景気になるとお喜びになられます

一般的な感覚では、不景気になればなるほど、財布の紐が固くなるのではないでしょうか。この先も収入は伸びそうにない、株価や不動産価格が下がって資産も目減りしているとなれば、多くの人が「せめて節約しよう」という気持ちになるのもわかります。

大富豪は、不景気を歓迎します。**景気が落ち込んでいるときこそ、喜んでお金を使うのです。**

大富豪だからといって、不景気による資産の減少から逃れることはもちろんできません。むしろ、もともと持っている資産の額が莫大ですから、目減りした分もケタ違いに大きいはずです。

それにもかかわらず、不景気になると、節約どころか高価な買い物や贅沢なレジャーを積極的にされる方が多いのです。

「今こそ買いどき、遊びどきじゃないか。不景気になれば、物やサービスの価格が下がる。

それだけいいものが安く手に入るチャンスなんだ」

とくに値の張るものほど、お値打ち感が大きくなります。例えば、高級ホテルの部屋代です。

リーマン・ショック後、今なら一泊五万円は下らないであろうツインルームが、ひとり五〇〇〇円で提供されていたことがあります。

上客向けのスペシャルプライスで、二名以上からという条件はあったものの、高層階で眺めがよく快適な広さを持つスーペリアツインが一万円で利用できるのです。私のお客さまのひとりも当時はよく利用されていました。

それでは高級ホテルは大赤字だろうと思うかもしれませんが、実はホテル側にとってもメリットがあります。

極端な話、たとえお客さまがゼロであっても、最低限必要な数のスタッフは配置しておかなければなりませんし、レストランやショップやスパを営業時間終了前に早仕舞いするわけにはいきません。

にぎわいがないとホテルの評判にもかかわりますから、破格の低料金であっても、利用してもらったほうがいいのです。

高級飲食店も、事情は同じです。お客さまの数が半減しようが、人件費や場所代などの負担はほとんど変わりません。

店としては、ぎりぎりまで価格を下げても、ひとりでも多くのお客さまを呼び込みたいと思うのは当然でしょう。


不景気がつづいた時代は、ホテルのレストランや高級飲食店が提供する一〇〇〇円ランチがお得だと話題にのぼりました。

大富豪の方々がよく利用される最高ランクの高級ホテルでも、三〇〇〇円も出せば豪勢なランチを楽しむことができましたし、同じ値段で、高級シャンパンの代表格である「ドン・ペリニヨン飲み放題」というメニューを見かけたこともあります。


そういうチャンスはいつでもあるとは限りません。最近、その高級ホテルで大富豪とランチをご一緒する機会がありました。不況下では三〇〇〇円弱だった料金が、倍近くに跳ね上がっていました。

景気が上向いても収入が一気に倍になることは考えにくいのに対して、物やサービスの価格は倍々で高くなります。もともとの価値が高いものであれば、なおさらです。

自動車や不動産などの価格を見れば、それが実感できるのではないでしょうか。販売会社も好況時には強気な商売をしていますが、不況時には価格が下がり、値引率も高くなります。

不景気のときに財布の紐を締めていては、こうしたチャンスをものにできません。大富豪はこのときを狙って、「前から気になっていたけれど、今すぐほしいわけではない」自動車や美術品などの高級品を手に入れたり、贅沢な旅行や飲食を楽しんだりします。

さらに不景気は、「買いどき」であるだけでなく、資産の「増やしどき」でもあります。あるビジネスオーナーの大富豪は、不景気のときを狙って、積極的に人材を採用します。ほかの企業が採用を手控えるときこそ、優秀な人材を採るチャンスだというのです。

底値の株式を買ったり、将来に向けた大型投資に乗り出したりするのは、こうした時期が多いのです。

そのような余力があるのは、不景気時の「買いどき、増やしどき」に備えて、好景気時に必要な資金を蓄えているからでしょう。

大富豪ほどの資産を持たない私たちは、不景気時には世の中のムードに押されて、今が買いどきと思ったとしても、つい後回しにしがちです。逆に少し景気がよくなると、「少しくらい贅沢をしてもいいか」という気分になって、つまらない散財をしてしまったりします。

大富豪は、**景気のいいときには資金を蓄え、不景気になると、長い目で見てさらなる価値を生み出すお得な買い物をする**のです。

景気の動きを意識しながら、お金の使いどきを見極めるクセをつければ、買い物上手となるに違いありません。

□不景気のときこそ「買いどき、増やしどき」である

02 二位よりも一位に一〇倍の価値を見出します

大富豪は、一位であることに強くこだわります。

私のお客さまのなかに、世界最速の自動車を購入された方がいました。最高時速がおよそ四〇〇キロというだけあって、市販の自動車ながら、F1マシン並みの特殊な技術が搭載されています。

その分、一般の高級車に比べて価格も一ケタ違ってきますが、「どうしてもこの車がほしい」と言うのです。

正直なところ、何もこの車種にこだわらなくてもよいのではないかと不思議に思いました。

世界第二位、第三位の自動車でも、最高速度はそれほど見劣りするわけではありません。もちろん高額ではあるのですが、最速の自動車に比べると、価格もかなりお手頃になります。

そもそも時速四〇〇キロで公道を走れるわけではありませんし、同じ金額を出せば、最高時速三〇〇キロ以上は軽く出せる高級車を一〇台買うこともできます。

理由を尋ねたところ、その方はこうおっしゃいました。

「世界第二位の車だと言っても、誰も関心を持たないだろう。でも、『世界最速を記録した車に乗りに来ませんか』と誘われたら、乗ってみたいと思うじゃないか。一位であることに意味があるんだよ」

確かに、世界第一位の自動車ならば、この機会に乗り心地を体験してみようかという気持ちになります。あとあと話の種にすることもできるでしょう。**一〇倍のコストをかけても、一位には人を強く惹《ひ》きつける魅力があります。**それが二位とは雲泥の差の価値となるのです。

日本一高い山が富士山であることは、ほとんどの人がご存知のはずです。では「日本で二番目に高い山は？」と問われて、答えられる人はどれだけいるでしょうか。

世界中から登山客を集めるのも、古今東西、絵画や文学の題材にされることが多いのも、富士山が日本一の特別な山だからにほかなりません。

二位でも三位でもなく、徹底して一位にこだわるのは、そもそも大富豪の方々が勝利への執念をお持ちであるからともいえましょう。それがよくわかるのが、競走馬です。競走馬を所有していらっしゃる大富豪は少なくありません。皆さん、「絶対に自分で持つなら一番になれる馬だ」とおっしゃいます。

負けるときは負けても、勝つときは鼻の差でも粘って先頭でゴールを駆け抜ける馬です。どのレースでも二位や三位と安定した成績を残す馬には、あまり興味を持たれません。

「一位でなければ、負けたも同然だよ。僅差《きんさ》で負けても、負けは負け。負けたら何も残らないんだ」

ビジネスの世界でも、一位でなければ意味がないという場面はたくさんあります。例えば、コンペで選ばれるのは一社だけです。「最終選考まで進んで、あと一歩のところで惜しくも二位になりました」といっても、結局その案件を受注できなかったというのは、動かしようのない事実です。

一位で勝ち抜くのは、簡単なことではありません。営業成績で一位を守り続けた人と、常に二位をキープした人を比べれば、多くの評価と賞賛を集めるのは、やはりトップで勝ち続けた人でしょう。

もちろん二位を守ってきた人も優秀であることは間違いありませんが、ぎりぎりの勝負で粘り勝つ何かがなければ、一位にはなれないのです。

その何かとは、おそらく気迫や根性のようなものではないかと思います。最高峰の戦いでは、個人の能力や努力にはほとんど差がつきませんから、「二位ではいけない、絶対に一位で勝ち抜くんだ」という執念の強さが、最後の最後に勝負を分けるのでしょう。

トップアスリートのなかでも、「最高でも金、最低でも金」と心に決めた選手だけが、金メダルにたどりつくようなものかもしれません。

ぎりぎりの勝負の厳しさを知っている大富豪は、その何かを敏感にかぎわけます。専任のファンドマネジャーと契約している方も多いのですが、優秀なスペシャリストをたくさん見た上で、最後に選ぶのは勝ち抜ける人です。

動かす元手が大きいだけに、僅差であっても勝てば何億という利益は簡単に出せます。一〇〇〇万円の報酬で一億円の利益を出すファンドマネジャーを雇うよりも、一億円という一〇倍の報酬を支払ってでも、一〇億円の利益を生み出すファンドマネジャーを選びます。どちらがお得かは、誰が見ても明らかでしょう。

一位の価値は、二位や三位とは比べ物にならないほど高いのです。金メダリストは記憶に残りますが、銀メダル以下は、記録を参照しなければなかなか思い出せないでしょう。

何が何でも一位で勝ち抜く。その真価を知っていることは、一〇倍以上もの恵みをもたらすのです。

□一位のものには多くの人が関心を寄せる

□ビジネスの世界の一位と二位は一〇〇かゼロかの違いがある

03 一〇年のスパンで物事を考えておられます

株式など金融投資の経験がある方は、少なくないかと思います。市場の価格は時々刻々と変わりますから、私たちは「ようやく利益が出た」「損失になってしまった」などと、そのときどきで一喜一憂しがちです。少しでもプラスになったので、慌てて売って利益確定したものの、あとあと冷静に振り返ってみると、「もう少し持っていればよかった」と後悔したことはないでしょうか。

短期的に利益を確保していくことは、あながち間違いではないでしょう。けれども、より大きな利益をものにしようと思えば、それだけでは足りないのかもしれません。

大富豪は、もっと先を見て投資をします。株式チャートも、一日、一週間、一カ月から、五年、一〇年単位の株価の推移を見ることができますが、大富豪の方々が着目されるのは、長期の一〇年チャートです。一〇年チャートがなければ、わざわざ人を使って調べさせることもあります。ことによっては、二〇年、三〇年の推移を調べます。

長期的に世の中がどう変わっていくのか。その動きが進むなかで、中期的に大きな利益を手にするには、今どうすべきか。**長期、中期、短期の視点を組み合わせて、常に最大限の価値を追求されています。**

つまり、三〇年後の未来を想像しながら、一〇年後に最大限の利益を得るために、今すべきことを判断するのです。

以前、地方都市で確固たる地盤を築いている大富豪とお会いする機会がありました。建築関係の会社を経営されている方ですが、もともと同じ業界の大手企業で活躍されていて、三〇代半ばで退職した当時の年収は一五〇〇万円もあったといいます。

その地位をなげうつこと自体、大変な覚悟ですが、実はすぐに起業したわけではありません。安定したサラリーマンを辞め、就いた仕事は、地元の市議会議員の秘書職でした。地方議員の秘書など給料はあってないようなもので、「ぎりぎり生活はできるレベル」だったそうです。

なぜ、すぐに建築会社を始めなかったのかと思われるかもしれませんが、そこには大富豪ならではの将来への読みがあったのです。

その議員の支援者のなかには、土木・建築業に携わる方もいて、ときにはそうした方々からの陳情を受け付けることもありました。コミュニティのなかに入り込んで、住民と顔を繋ぎ、地道にその声に耳を傾ける。そんな秘書生活を五年間勤め上げたあと、満を持して故郷で総合建設会社を立ち上げました。今やその地方では知らない人はいないくらいの優良企業に成長しています。

具体的な数字はわかりませんが、個人的にも相当の資産をお持ちのようです。未上場のオーナー企業ですが、会社の内部留保は一〇〇%に近い上に、高い利益率を出し続けているので、将来にわたってさらなる成長が期待できそうな勢いを感じました。

そこまでの大企業に育てることができた理由を尋ねたら、こんな答えが返ってきました。

「やはり秘書時代の経験が大きかった。さまざまな仕事を通じて、地域の方々の信頼を得たおかげで、本当の人脈を築くことができた」

議員秘書のノウハウを得るだけなら、名刺交換した人の数を増やすだけなら、五年も費やすことはなかったのかもしれません。ですが、将来の起業を目指すその方にとっては必要な歳月だったのでしょう。

いざというときに無理を頼める人脈は、一度会ったくらいでは形成されません。地域住民の陳情を受け付ければ、全力を傾けて何らかの還元をする。仕事を通じた交流を重ねてきたからこそ、信頼関係を深めて、「あなたのためなら」と動いてくれる支援者を作ることができたのです。

先日お会いした投資ファンド会社の代表も、国会議員秘書を三年ほど経験していたといいます。三〇歳で事業を興して、まだ三年目というお若い方でした。おそらくその方は、二〇代のうちに、一〇年後の自分があるべき姿を思い描いて、今すべきことを冷静に判断されたのだろうと思います。

今は優良企業で高い給料を得ているからといって、この先も続くとは限りません。とくに、いつか成し遂げたい理想を持っているならば、目先で手にする小さな果実よりも、一〇年後の豊かな実りのために動くことが効果的な場合もあります。

今この瞬間には成果が得られなくても、自らのスキルや情報力を高めたり、本当の人脈を形成することが、いつかは大きな利益に繋がる可能性は多分にあるのです。大富豪の生き方を見ていると、それは一つの真実なのだと思えてなりません。

□一〇年後の利益のために今の苦労を買って出る

04

スピードがお金を生むことをご存知です

執事サービスを提供する私どもの会社は、さまざまな業界の方から、大富豪の方々に向けた事業の相談を受けることも少なくありません。

以前ある病院から、「富裕層を対象とした医療コンシェルジュサービスを立ち上げたい」とのご相談がありました。その病院のオーナー自身が大富豪です。

医療コンシェルジュとは、患者さんのご要望にお応えして、不安や疑問を解決したり、的確な診療科を受診できるようコーディネートするサービスです。

病院の業務に通じていることはもちろん、接客のスペシャリストとして、目の肥えた富裕層にもご満足いただける応対ができることが求められます。

専門知識とホスピタリティを併せ持つ人材など、そう多くはありません。これまでの経験に照らせば、一からその仕組みを立ち上げ、人材を育成して、高級ホテルにも引けを取らないサービスレベルに持っていくまでに三年はかかります。

ところが、その病院のオーナーは、そこまで待てないと言います。

「初期投資はどれだけかかってもいいから、何とか一カ月で立ち上げたい。三年も待っていたら、機会損失が発生するじゃないか」

ずいぶんせっかちな感じがしますが、目先のコストがかかっても、一カ月でサービスをスタートさせたほうが、三年間に得られるべき利益を失うよりも得だと判断されたのです。

まさにこの発想が、大富豪になれる方の共通点だといえます。何をするにしても、**常にスピードを意識しているのです。**


例えば、スピード感を持って新しい事業を立ち上げるとしたら、一つには、経験者をヘッドハンティングしてくる方法があります。

これはかなり時間を節約できるやり方ですが、それでも事業の体制を一から作り上げる手間はかかりますし、バックグラウンドの異なる人たちを寄せ集めて、組織としての一体感を醸成するにはある程度の時間が必要でしょう。

その時間さえもったいないという大富豪は、M&Aという方法を選びます。これから始めようと思っている事業をすでに行っている会社を買収してしまうのです。

実際、積極的にM&Aを活用して事業を大きく伸ばしてこられた大富豪は少なくありません。

「単に会社を買うんじゃない。買収することによって、必要なスキルを持つ人材と、事業のノウハウを持つ組織に加えて、その会社の顧客まで、一瞬で手に入れることができるんだよ。これを一から育てるには、何年かかるかわからない。M&Aとは、スピードを買うものなんだ」

ある大富豪はそう話されていました。時間を失うということは、その時間に得られたかもしれないチャンスも失うということです。

例えば「これはチャンスだ」と思う投資案件があれば、大富豪の方々は、たとえ辺境の地であろうとも、すべての予定をキャンセルして自家用ジェットに飛び乗ります。世界の片隅に転がっている今しかないチャンスを確実に自分のものにするためです。

大富豪がスピードを重視するのは、**刻一刻と失われる時間のなかで、常に最大限のチャンスを追い求めている**からなのです。

私のお客さまのひとりに、米国で事業を営んでいる方がいます。会社の近所に、その方のお気に入りのカフェがありました。

厳選された豆で卓越したバリスタの淹《い》れるコーヒーを味わうことが何よりもリフレッシ

ュになるそうで、そのお店に通うことを長らく日課とされていました。ところが今や、ご自身の会社内に、そのお店の支店を出してもらったといいます。

その話だけを聞くと、「お金持ちの道楽か」と思われるかもしれませんが、実は違います。いくら近所とはいえ、淹れたてのおいしいコーヒーを楽しむには、移動も含めて最低でも一五分はかかります。それを毎日続けるために費やす時間と自分の時給をはかりにかければ、自分専用の支店を出してもらって、その時間をビジネスに注いだほうが効率的だと冷静に判断したのです。

最近は日本でも、こうした考え方を重要視する有力企業が増えています。多くの社員が一〇分かかっても、コーヒーやジュースを飲みたいと近所のコンビニエンスストアに走るのであれば、社内で手軽にドリンクや軽食を提供できる施設を設置する。

喫煙に時間を費やすくらいなら、社員の禁煙を促進する。禁煙についてはもちろん、最大の目的は社員の健康維持だと思いますが、タバコを吸うため席を空ける時間を減らすという効果も大きいはずです。

似たような事業を始める会社はたくさんあっても、成功するか失敗するかは、残酷なまでの差がつきます。

三年かければ誰にでもできることを、大富豪は一ヵ月間で成し遂げます。それは、富を生み出す源泉がスピードにあることを、心得ているからにほかなりません。

□スピード重視で機会損失を減らす

05 お金は絶対にお貸しになりません

大富豪の方々はけっして、人にお金をお貸しになりません。しかし、お金を借りにきた人をすべて追い返すのかというと、そうではありません。なにしろ、大富豪は敵をお作りにならないのがモットーだからです。

では、どうするのかというと、**お金は貸さず、あげてしまうのです。**

例えば、「新しい事業を立ち上げたいのですが、今手元に資金がありません。一〇〇〇万円なんとか貸してくれませんか」という話がきたとします。

すると大富豪は、事業の内容など、詳しいことは何も聞かずに一〇〇〇万円を用意して、「じゃあこれを元手にやりなさい。あるとき払いの催促なしだ」とお渡しになるのです。

厳密にいえば「無期限の貸し付け」ということになるのでしょうが、借用書などは取らないので、返してもらえない可能性もあります。

なぜ、そんな無茶なことをなさるのかと思い、一度、大富豪に理由をうかがってみたことがあります。その答えは意外なものでした。

「貸したお金だと、返せそうになくなったとき、その人は逃げたくなるだろう。でも、『あるとき払いの催促なし』なら、逃げない。だからいつかは取り戻せる」

言われてみれば、確かにその通りです。

「期限内に返せ」と言われたら、返せないとき、逃げたくなってしまうものですが、「あるとき払い」であれば、逃げる必要はありません。

その上、何の担保もとらずに無期限でお金を貸してくれた大富豪に感謝し、いつか必ず返そうと、懸命に努力するはずです。大富豪はそういうことまで見越した上で、お金を融通しているのです。

借金を申し込まれる前にお金を出してしまうこともあります。

例えば、ある事情から、大富豪でなくなってしまったお友達が、大富豪のもとを訪ねてこられたことがあります。

大富豪は、相手が何もおっしゃらないうちから、「あるとき払いの催促なしでいいから、これを使ってもう一回立ち直ってくれよ」と、まとまったお金を渡していました。

なぜ、相手が何も言わないのに融通されたのか、不思議に思って理由をうかがってみると、驚くような答えが返ってきました。

「だって、貸してくれって言われたら向こうの言い値になっちゃうけど、自分から先に言えば、こちらの言い値になるじゃないか」

仮に、自分が抵抗なく出せる金額が三〇〇万円だったとき、相手から「五〇〇万円貸してほしい」と言われてしまったら、断って気まずい思いをするか、言い値を受け入れて自分が無理をしなければなりません。そうなるのを避けるために、先手を打ったということなのです。

自分が出せる現実的な金額であれば、自分も相手も傷つくことはありません。非常に賢いやり方だと思いました。

とはいっても、誰にでも気前よくポンとお金を出すようなことは、さすがになさいません。

以前にもお話ししたように、大富豪の方々が普段親しくお付き合いされているのは、二〇人くらいのごく少数の方に限られています。

「ファミリー」と呼ぶほど信頼している方々だけと交際しているので、**そもそもお金を融**

通したくないような人や、お金を受け取っておいて知らん振りを決め込むような人は、周囲にいないのです。

□「あるとき払いの催促なし」が賢いお金の貸し方

06

お金を持つことは人生の修行とお思いです

「お金持ちになりたいか」と聞かれて、「なりたくない」と答える人は少ないのではないかと思います。

もちろんお金がすべてではありませんが、生きていく上で、お金があれば解決できることはたくさんあります。

最低限の生活をするお金は誰にでも必要ですし、ちょっとした贅沢をして人生を楽しんだり、自分の夢や理想を実現したりする上でも、お金はないよりもあるほうがよさそうです。

一方で、十分すぎるほどのお金を持っている状態を想像したことがあるでしょうか。大富豪になることは、どうやらいいことばかりではないようです。例えば、お金を持つと、それだけでねたまれる対象になってしまいます。

ある実業家の奥さまが、スーパーマーケットのレジ前の混雑に嫌気が差して、「値引きをしなくていいから優先的にレジを通してほしい」といったことをSNSで発信されました。

おそらくご本人に他意はなかったと思いますが、小金持ちだということを知っている友達からの冷たい視線にさらされたそうです。

多くの資産を持つ人は、少しでも社会的な反感を買う行動を取ってしまえば、一般の方以上に総攻撃を受けるはずです。寄ってくる人が減るだけならまだいいのですが、何よりも怖いのは、周囲の信頼を失ってしまい、友人や古くからの支援者など大切な人までもが離れていってしまうことです。

こうしたお金を持つがゆえの落とし穴をよくご存知なのが、大富豪です。

私のお客さまのひとりは、自動車が大好きで高級車を何台も所有していますが、世間に見えるところに置いているのは、ある程度の資産をお持ちの方なら所有していてもおかしくないと思われる車種だけです。

最もお気に入りの最高ランクの自動車は、地下に設置した秘密のガレージに隠してお入れになっています。

地下の駐車場は私も見たことがなく、そもそも自動車が置いてあるのさえ知らなかったので、不思議に思ってお尋ねしたところ、その方はこう答えられました。

「秘密のガレージのことは絶対に言わないでくれよ。誰にも気づかれないところで、自分ひとりでそっと楽しむ車を置いているんだから。『あいつは高級車ばかり買いやがって』と思われたくないしね」

十分なお金があれば、ほとんどのことは、何でも好きなようにできます。例えば、瞬間的な刺激を求めてギャンブルに大金を投じることも、家族のことなど顧みずに愛人を囲うことも簡単でしょう。

だからといって、欲望に任せるような生活をしていたら、己の人生を見失ってしまいます。派手な振る舞いをしていたら、多大な資産を狙ってよからぬ人たちからさまざまな誘いを受けることも増えるでしょう。

もちろん、それがいい結果をもたらすとは考えられません。何でもできるからこそ、自分で自分を律しないといけないのです。

宝くじに当たって、思いがけない大金を手にした一般の方が人生を破滅させたエピソードは複数あります。莫大な資産を維持して、さらなる富に繋げていくことは、簡単なことではありません。

必要なのは、あらゆる誘惑に打ち勝ち、常に自分を律していく強い意志と覚悟。そこが、小金持ちで終わるか、大富豪になれるかの重要な分岐点であるような気がします。いうなれば、大富豪になり、大富豪を続けていくということは、人生の修行にほかならないのです。

□資産を持ったら反感を招く行動は慎む

□派手な振る舞いをすれば己を見失う

07 後ろめたいお金を稼ぐことはなさいません

「お金を稼ぐ」という行為に、どこか後ろめたい印象を持たれる方もいるでしょうか。しかもふつうでは想像もつかないような巨額のお金を稼いでいると聞くと、いかがわしささえ感じてしまうかもしれません。

大富豪はとかく世間の方から誤解されることが多いのですが、ひどい場合には、極悪非道の金の亡者のように言われることもあります。

いかがわしい商売で大儲けしたのではないか、他人を騙したり、弱い立場の人から搾取したり、まともとはいえない方法でのし上がったのではないか、と思われてしまうのです。

しかし、私の知る大富豪のなかに、あくどい商売をして資産を築いてきた方はひとりもいらっしゃいません。むしろ、人一倍純粋で公正な方々ばかりです。そういう大富豪のひとりがこんな話をしてくれました。

「他人を出し抜いたり、法律に触れるようなことをしたりして一山当てたとしても、そんなものは長続きしない。そこそこの小金は稼げるかもしれないが、さらなる高みを目指すことはできないよ。自分が何をしてここまでになったのか、誰に対しても堂々と語れる人だけが、永続的に資産を増やしていくことができるんだ」

確かに、後ろめたいことをして暴利をむさぼっていたら、社員の士気は落ちるでしょうし、お客さまや取引先も離れていってしまうでしょう。社会的な信頼を失ってしまえば、もはや事業を育てるどころか、続けていくことさえ難しくなります。

私のお客さまで、医薬品の特許を取得して大富豪になられた米国人の方がいます。もともとは製薬メーカーに勤めていたのですが、自分が開発した画期的な薬の権利を一挙に手にしたおかげで、その方は巨万の富を得ることができたのです。

その薬のおかげで、世界中の多くの方が生命の危機を脱した一方、数人とはいえ薬の副作用で命を落とされた方がいるのも事実でした。

最期まで望みを繋ぎながら亡くなられた方とご遺族は、さぞや悔しかったことでしょう。その思いを想像すればするほど、心が痛むと言います。

しかし、どんな薬でも副作用は避けられませんし、そもそも万人に効く薬など存在しないでしょう。

その薬自体に問題があるわけではありませんし、薬の開発者に責任があると言う人はいないと思います。

にもかかわらず、その方は、ご自身の責任をずっと感じていらっしゃるのです。

「たとえ数人であっても、自分が開発した薬を飲んで、亡くなられた方がいると思うと、どうしても後ろめたい気持ちが消えない。だから自分が生きている限り、この薬の副作用の改善のために力を尽くしたいんだよ」

ご本人はすでにリタイアされ、現場を退いていますが、今も毎年莫大な資金を、研究開発のために寄付されています。一概に本人のせいとは言えないことまで、自ら責任を負ってさらなる改善を目指しているのです。

ビジネスはきれいごとばかりではありません。法に触れるような行為は問題外としても、普段の仕事のなかで、一点の曇りもなく自分の使命をまっとうしていると言い切れる方がどれほどいるでしょうか。

ある大富豪の方が、こんなことをおっしゃっていました。

「たとえそれがひとりよがりな思い込みだったとしても、『自分はこの仕事を世のため人のためにやっているのだ』と信じられることが必要だ。そう信じられれば、もっと頑張ろうという意欲が自然と湧《わ》いてくるものだよ」

その結果として、ビジネスがさらに成長し、より大きな資産を築くことができます。**後ろめたいお金を稼いでいては、やがて情熱も薄れてしまう**といいます。

正々堂々と戦うからこそ、思い切りアクセルをふかして疾走することができるのです。その上で摑んだ勝利は、この上ない喜びでしょうし、次の勝利に向けてのモチベーションも高まるはずです。

自分のためではなく、人のために尽くすことが、最後は自分にかえってくることを、大富豪はよくご存知なのです。

□世のため、人のためと思えば仕事のモチベーションが上がる

08 自分の財布にいくら入っているかを常に把握されています

皆さんは、今財布のなかにいくらお持ちですか？

以前ある大富豪に、突然所持金の額を尋ねられたとき、残念ながら私は答えられませんでした。即答できなかった方は、私と同じように普段、財布をのぞいて初めて金額を把握されるのでしょう。

そして、そろそろ手持ちのお金が少なくなってきたかな、と思えば、銀行に向かうはずです。財布の中身を正確に言えるのは、月に何度か、お金をおろした直後だけかもしれません。

大富豪は、今いくら手元にあるのかを常に把握しています。日頃はだいたい三〇万〜五〇万円くらいを持ち歩いていますが、お札の額はもちろん、小銭も一〇〇円単位までほぼ正確にわかっています。

把握しているのは、財布の中身だけにとどまりません。大富豪は、普通預金や定期預金の残高から、投資している株や債券、投資信託の価格に、所有する不動産の時価までチェックしています。

人を使って毎日あらゆる資産の価値を調べさせているのですから、いわば、日次決算を行っているようなものです。

投資先の数も種類もかなり多いので、レポートを作成させるのはそれなりの手間がかかるでしょう。何も毎日そこまで細かく調べなくてもよいのではないかと思われるかもしれませんが、以前、うかがった大富豪の言葉には説得力がありました。

「全体像を正しく理解していなければ、思い切った決断ができないじゃないか。投資するチャンスも、撤退する引き際も、重要な決断はいつだって瞬時に下さないといけない。そのときになって調べはじめても遅いんだよ」

実際、そのレポートを見ると借入金などの負債がどうなっているのか、何がいくら上がったのか、下がったのか、その日の総資産が一目でわかります。

さらに、こうして日々資産の推移を追い続けていると、どこにチャンスがあるのか、次にどうすべきなのかがおのずと見えてくるといいます。大富豪はこうして巨万の富をコントロールしているのです。

かつてこんな話を聞いたことがあります。地方で会社を経営する方が、そろそろ次の世代に会社を譲ろうと考えて、息子さんに「今、自分の財布にいくら入っているかわかるか」と尋ねました。息子さんが答えられないでいると、「自分の財布の中身もわからないようなやつが会社経営なんてできるか！」と一喝されたそうです。

財布の中身というのは、最も身近な資産です。所持金を常に把握しているのは、資産管理の基本中の基本。

小さなお金も見過ごさずにきちんと管理することから始まり、それを積み重ねていくことによって、大きなお金をコントロールすることができるようになるのです。

私自身、大富豪の方から「君も家計簿くらいつけてみろよ」と言われたことがあります。まずは、今のお金の状態を正しく知ることが資産管理の第一歩だというのです。

最近ではパソコンやスマートフォンの家計簿アプリも充実しています。レシートを撮影すれば自動的にデータを取り込んで計算してくれるほか、各種金融機関と連携し銀行口座の残高や、クレジットカードの利用明細も反映してくれます。なかには、各種ポイントの残高がわかるものもあります。

何より便利なのは、それほど手間をかけなくても、現在の自分の資産状況が一目でわかることです。そうなると、意識も変わってきます。

例えば複数の銀行口座に預けたままになっているお金を集めると、ある程度まとまった額になっていることに気づくかもしれません。

そのお金を、有利な定期預金に預け替えたり、あるいは投資にまわしてみようかなど、資産を有効に増やしていく方法を積極的に探るようになってくるのです。自分の資産を自分でコントロールするとは、こういうことでしょう。

考えてみれば、プロのスポーツ選手は、常に自分のコンディションに意識を払っています。最も重要な資本である自分の肉体を、日々チェックするのは当然でしょう。

その積み重ねのなかで、より高いパフォーマンスを上げるべく、「持久力を伸ばすために、もう少し体をしぼろう」「ただし筋肉量を落とさないようにしよう」などと、自ら肉体をデザインしていくのです。

自分の資産のコンディションを常に細かく把握している大富豪は、まさにお金のプロフェッショナルだといえるでしょう。

□財布の中身を把握することが資産管理の基本

09 住む場所に、かなりのこだわりをお持ちです

大富豪の多くは、いわゆる高級住宅街で暮らしています。関東ならば田園調布や松濤《しょうとう》あたり、関西では芦屋が代表格でしょうか。

「結局、見栄や体裁を気にしているのだろう」と思われる方がいたとしたら、それは間違いです。大富豪の方々は「いざとなれば、どこに住んでもかまわないのだ」とおっしゃいますし、いつでも自由に好きな場所で暮らせるだけの資金も十分にあります。それでも高級住宅街を選ばれるのには、深い理由があるのです。

私のお客さまのひとりも、古くからの高級住宅街に大豪邸を建てています。よく聞くと、以前は同じ街の高級マンションに暮らしていたそうです。

ひと財産を築いたものの、まだ一軒家を構えるほどの余裕はなく、当時は少し背伸びをして、この街に移り住んだといいます。

「そこに住む人のクラスが違うんだよ。それなりの人たちが周囲にたくさんいて、近所付き合いをしていれば、彼らが普段、どういう話をして、どんなふうに振る舞っているのかがよくわかるし、それが自分自身にも浸透してくるんだ。そのコミュニティの一員になったことで、自分ももっと頑張ろうと思えるし、日々刺激を受けているうちに、自分のステージを引き上げてもらえた気がするんだ」

私たちの身近な生活でも、似たようなことはあります。

例えば学校です。私立高校に比べるとカリキュラムの自由度が低い公立高校のなかにも、毎年何人もの生徒を超難関の大学へ送り出す学校があります。

ほかの公立高校とはまったく異なる特別な授業を行っているわけではありませんし、教員は地方自治体のルールに則って定期的に異動しますから、特別優秀な教師ばかりを揃えているわけでもありません。

では何が違うのでしょうか。往々にして、このような公立の進学校は、地域の名門として長い歴史を持ち、自主性を重んじる校風が育まれています。

そのため、自立心のある生徒や、学習意識の高い生徒が集まってくるのです。そのような友人たちと日々接していれば、自分も意識が高まってくるはずです。

会社の場合は、さらに明確でしょう。社会を変えるようなイノベーションを作り出した人たちは、特定の人材輩出企業の出身者であることも珍しくありません。

常に革新を追求する自由闊達《かったつ》な風土で、成長意欲の高い社員があちこちで活躍している環境にいれば、ひとりだけのんびりしているわけにはいきません。言われたことを指示通りこなすのではなく、自分なりに創意工夫したり、スキルを高めるために勉強しようという気持ちになるのではないでしょうか。

意識の高い仲間にもまれて、日々鍛えられていくうちに、おのずと実力がついていくものです。

とくに家は、生活の営みの基本ともいえる場所です。私も仕事柄、高級住宅街に足を運ぶことが多いのですが、その街の雰囲気に触れ続けていると、立ち居振る舞いから食事の仕方、買い物をする際の選別の仕方まで、変わってくるような気がします。

通っているだけの私でさえ、自然と背筋が伸びる心持ちになるのですから、コミュニティの一員として毎日同じ空気を吸っていたら、さぞや大きな変化があるでしょう。「この街で暮らすことによってステージが上がった」というお話は、けっして大げさなものではないのです。

言ってみれば、**身を置く環境によって自分自身のスタンダードが決まってしまう**のです。

その状況が毎日続けば、その人の人生さえ変わってしまいます。

大きな成長を目指すのであれば、レベルの高い環境に飛び込んだほうがよいのは言うまでもないでしょう。そこが長い時間を過ごす場であれば、なおさらです。

大富豪は環境の重要性をわかった上で、自分を高める手段としてお住まいになる場所を決めています。


だからといって、一般の方がいきなり高級住宅街に移り住むことはなかなか難しいかもしれません。ただ、こうした考え方を知っているだけでも、環境を選ぶ際の重要なヒントになるはずです。

例えば転職するときや引っ越す先を決めるとき、給料の額や日当りのよさなどの条件だけで決めるのではなく、周囲の人たちやコミュニティの雰囲気にも注目してみてはどうでしょうか。

□どういう環境に身を置くかで人生が決まる

10 大きなお金よりも小銭を大切になさいます

値の張るものを気前よく人にあげてしまったり、驚くような価格の自動車や美術品を買い集めたりするような話を聞けば、「さすがに大富豪は豪快だなあ」と思われる方もいるかもしれません。

確かに不景気が続いて資産が目減りしたとき、「数億もの損失が出てしまったよ」とぼやきながらも、涼しい顔で贅沢を楽しまれている姿を見ていると、これは私たちが使っているのと同じ日本円での話だろうか、どこか違う国の通貨の話をしているのではないかと錯覚しそうになります。

日常的に大きなお金を動かしている大富豪は、小さなお金になど関心を払わないだろうと思われがちです。一般的には、一億円を前にすれば、一万円の価値などあってないようなものに感じられるかもしれません。

ところが実際には、大富豪の方々は、小さなお金をとても大切にされています。一万円どころか、一〇〇円単位の小銭にまでこだわるのです。

先日、企業を経営されている私のお客さまのひとりが、銀行の担当者と真剣な交渉をされていました。ずいぶん熱心に話し合いをされている様子だったので、新たな設備投資でも予定しているのか、あるいはM&Aでも考えているのか、いずれにせよ何か大きな案件が動くのだろうと思っていました。

あとで何のお話をされていたのかうかがったところ、実は振込手数料の交渉だというのです。あの熱い議論は、一〇〇円、二〇〇円のお金をめぐる攻防でした。しかし、「こちらのほうがずっと重要だ」と、その方はおっしゃいます。

「社員に給与を支給するにしても、取引先に代金を支払うにしても、必ず振込手数料がかかってくる。たかが一〇〇円、二〇〇円でも、その負担は確実に毎月、毎月のしかかってくるということだよ。それがこの先ずっと続いていくとしたら、どれだけのコストがかかるか想像してみるといい」

一件の金額は小さくても、毎月何十件、何百件分ものコストが何年も積み重なっていけば、トータルの金額は雪玉を転がすように大きくなります。

その負担を抑えることは、何億円の融資を受けるよりも、大きなお金を生み出すことに繋がるかもしれません。

その重みをよくご存知だからこそ、大富豪は、まず何よりも小さなお金を大切にするのです。**とくに継続的に支払わなくてはいけないお金には、厳しく目を光らせています。**

例えば、毎月発生する電気代です。エアコンや電球も、たとえほかの製品に比べて価格が割高だとしても、省エネ性能の高い最新機器に喜んで買い替えます。

一時的な出費はかさみますが、古い機種を使い続けるよりも、毎月の電気代を削れるほうが、長い目で見て得だという考えもあります。

大富豪は、大きなお金は、小さなお金が積み重なって生まれるものだと捉えています。

日頃の生活を振り返れば、最近ほとんど使っていないアプリの利用料金や、「いつも買っているから」何となく毎週買い続けている雑誌代など、自分でも気づかないうちに小さなお金を見過ごしてはいないでしょうか。

小銭であっても、積もり積もればどれだけの重さになるかを体験してみると、改めてその大切さがわかるかもしれません。

□巨額な富の元となる小さなお金を大切に扱う

11 お金は、ほしいと思う金額以下しか得られないことをご存知です

ほしい年収額を紙に書いてみてください。

そう言われたら、どのくらいの額を書き込みますか。一〇〇〇万円でしょうか、それとも一億円でしょうか。

こんな問いかけをしたのも、以前、私が大富豪から似たような質問をされたからです。その方は、「君がほしいと思う金額を紙に書いてみなさい。もし、お金をあげると言われたら、いくらほしいかね」とお尋ねになりました。

そのとき、私は「一〇億円」と書きました。大富豪から質問されたのだから、一〇〇万円や二〇〇万円と控えめな数字を言うのも失礼かと思ったのです。私が書いた紙を見ながら、その方は、「では、この一〇億円を得るために、君は何かに取り組んでいるかね」とお尋ねになりました。

私も含め、一般のお勤めをしている方からすると一〇億円はたいへんな金額です。一生、

勤め上げてももらえる額ではありません。今、勤務されている会社でトップに上り詰めても、難しいでしょう。

私は少し考えてからお答えしました。

「今、お客さまからいただく報酬だけで一〇億円という額は無理ですが、経営しているバトラーの会社をこれから大きくし、株式公開したいと考えております。そうすれば可能ではないでしょうか」

すると、大富豪は「それなら、君には一〇億円を得られる余地がある」とお言葉を足したのです。

同じ大金を得たいと思っても、そのために実際の取り組みをしている人と、お金がほしいと思っているだけの人の違いが、富を引き寄せられるか否かの違いなのです。

そして、具体的な行動を起こすには、本気で「大金を得るのだ」という信念が必要です。誰でも、ほしい年収を書いてみなさいと言われたら、その場で「一億円」と書くことはできるでしょう。一億円ほしいという気持ちも本物でしょう。

ですが、現実的には「月給が三〇万円もらえればいいいんだ」と考えて働いている人が多いのではないかと思うのです。

ほしい金額を書いてみなさい、とおっしゃった方はこう言います。

「本気で一億円を得ようと考えれば、仕事に対する姿勢が自然と変わってくるはずだよ。今の年収が五〇〇万円だとしたら、その五〇〇万円と一億円とのギャップに目を向けるようになる。そして、どうすれば一億円が稼げるようになるか真剣に考えはじめ、昨日と同じ仕事をしていてはダメだという結論に至るんじゃないかな。次に、その人は一億円を得るための具体的な行動に移っていくと思うよ。社内で新しい事業を提案するかもしれないし、会社を辞めて自分で起業するかもしれない」

月給が三〇万円でいいと思って働いている人は、一生三〇万円しか稼げません。本気で**一億円を目指す人は、それを得られるような行動をするから、その結果としてお金持ちになっていきます。**

人が得られるお金は、「ほしいと思う金額」に縛られてしまうのです。大富豪はそれが言いたかったのです。

大富豪の方々は、同じように大富豪のステージに上がった人たちを知っておられますが、それ以上の数、大富豪になり切れなかった人たちも見ています。

「結局、お金がほしいと言っていたけど、あの人はそれを得るだけの行動力がなかったのだよ」と大富豪同士で話しているのを聞いたことがあります。

目標年収に近づきたいならば、今の自分の枠を超える高い理想を掲げ、その実現に向けて本気で取り組んでいくしかありません。

□人は、ほしいと思う金額に見合う行動をとる

12

お金がほしいと正直に他人に言える人にお金が集まります

お金持ちになりたいと思いながら、素直にそう言える人は多くないでしょう。

私のお客さまのところには、大富豪の財力やノウハウを頼って、さまざまな方が訪ねてきます。

本当は自分がお金を儲けたいのですが、本音は言わず、「この事業は社会貢献になりますから、投資なさいませんか」とか、「あなたのビジネスがもっと大きくなりますから、出資されませんか」と大富豪に近づいてきます。

また、大富豪の弟子になりたいと言ってやってくる人もたくさんいます。もちろん、自分が大富豪になりたいから弟子入りを志願しているのですが、みんな「社会勉強をさせてください」「あなたのような立派な人になりたいので修業させてください」と言います。

大富豪は、そういう人たちの本心を最初から見抜いています。本音を隠して寄ってくる人を体よくお断りしたあと、ポツリとおっしゃいました。

「なんで、みんな、お金がほしいと言わないんだろう。正直に言ってくれれば、私もある程度の財力とノウハウを持っているから、面倒を見てやれるんだけどな」

素直に「お金がほしい」と口にしていれば、大富豪のサポートを受けられたのに、本音を隠してしまったためにそのチャンスを棒に振ってしまったのです。

私たちは、正直に「お金がほしい」と言うことを、恥ずかしいこと、悪いことと思いがちですが、大富豪にとっては何の抵抗もありません。素直な気持ちを口にしているだけです。

むしろ、「社会貢献になります」などときれいごとを並べ、近づこうとする人を、「本音は私のお金を借りて金持ちになりたいだけじゃないか」と毛嫌いされるのです。

大富豪同士の会話のなかには、「お金がほしい」「お金が必要だ」という言葉がふつうに出てきます。

例えば、「資産を倍にしたいな。そうすれば新しい事業が始められるからな」といったことはしょっちゅうお話しされています。「お金がほしい」という言葉はタブーでも何でもないのです。

私は、ある大富豪が別の大富豪に、こんな話をする場面にも遭遇しました。

「今、事業がうまくいってなくて、二〇〇億円ほど作らないと会社の株を売らなければいけなくなる。それは嫌だから、なんとか事業に協力してもらえないだろうか」

そう話す大富豪の口調のどこにも恥ずかしげなところはありませんし、おどおどしたところも感じられません。

まるで「一緒にランチでもとりませんか」とでも言っているかのような、平然とした様子なのです。

その代わり、相手の方が「事業に協力しよう」と約束してくれると、それこそ死に物狂いで結果を出そうとします。

大富豪が「お金がほしい」と口にするときは、相当な覚悟も伴っているのです。お金が必要なときは、正直に言ったほうがときとしていい結果を生むかもしれません。

例えば、新卒や中途で会社の就職面接を受けるとき、たいていの人が「御社の理念に共感しまして」とか、「御社の事業は社会にたいへん貢献しているので」と模範解答的に言います。もちろん、その会社が模範解答を求めているならそれでいいでしょう。

ですが、「実は父がリストラされてしまって、一家で食べていくのに年収が八〇〇万円必要なんです。雇ってもらえたら死ぬ気で頑張ります」と本音で語ったほうが相手の心に響くかもしれません。

お金がほしいのに恥ずかしがったり、格好をつけると、お金は逃げていってしまいます。

大富豪の世界では、「お金がほしい」と口にすることは何ら悪いことではなく、むしろ、お金を呼び寄せる魔法の言葉なのです。

□正直にお金がほしいと言えば援助者が現れる

13 仕組みを作る側に回ることが大富豪への近道です

新車に買い替えたいとか、子どもの大学入学にまとまったお金が必要なときなどは、「お給料が上がらないかな」と思うものです。しかし、すぐに実現することはないでしょう。それは、会社が給料を決めているからです。

会社員であっても、稀に、自分で報酬を決められるケースがないでもありません。例えば、外資系の金融機関やコンサルティング会社にヘッドハンティングされて交渉する際に、「年収二〇〇〇万円にコミッションで二〇〇〇万円、合わせて四〇〇〇万円のパッケージなら移りますよ」とこちらの希望を告げる場合です。

申し出た金額未満ならオファーは受けないと強気で交渉できる人なら、自分のほうから報酬を決めることは可能です。ですが、やはりこれはレアケースであり、多くの方は、自分のお給料を自分で決定できることはまずないでしょう。

私のお客さまのひとりは、**「仕組みを作る側に回らないと絶対に大富豪になれないよ」**

とおっしゃいます。

まさにサラリーマンのお給料は、会社が作った仕組みにほかなりません。自分が会社を経営していれば、利益に連動して報酬を決めることもできます。今期、利益が倍になったら報酬も倍にするということは難しくないでしょう。

しかし、会社員で、会社の利益が倍になったときに、自分も倍のお給料をもらえる人がどれだけいるでしょうか。

会社員だから当たり前と思われるかもしれませんが、経営者の立場でも自分で自由に報酬を決められない場合があります。

例えば、メーカーの下請けをしている会社の経営者です。部品を納めている親会社から「この部品、今までより一〇％安くしてほしい」と言われると、泣く泣く条件をのまざるを得ません。

こうやってたびたび価格を下げられても、売上に占める割合が大きい取引先だと、断るに断れないのです。

ですが、このままでは、どの会社でもできそうな仕事を請け負い続けて、いつまでたっても差別化できないでしょうし、部品単価もさらに切り下げられるおそれがあります。これも親会社が作った歯車のなかで仕事をしているところに原因があります。

また、フランチャイズのオーナーも自分の報酬を自分では決められません。以前、あるフランチャイズに加盟し、何店舗か経営されていた方がこう説明してくれました。

「フランチャイズに加盟していると、本部に支払うのれん代やノウハウ代はいくらで、商品の販売価格と仕入れ価格はいくらで、オーナーの取り分は販売額から仕入れ額を引いた粗利益の何%などと最初から決められているだろ。フランチャイズ本部が作った仕組みのなかでしか、自分の報酬を考えられないんだ。それがバカバカしくなってね。今は自分でフランチャイズを始めたよ」

この方は、他人が作った仕組みのなかで働くことをよしとはせず、ご自分で仕組みを作るほうに回られたのです。

お金持ちになりたかったら、自分の報酬を自分で決められる側に回らなければならないということです。

自分で商品を考案し、原価はいくら、売り値はいくら、利益はいくらと決定できるビジネスを手掛けることが大富豪に近づく道だといえるでしょう。

大富豪の方たちは、自分で仕組みを作られるのが本当に上手です。報酬を決めることはもちろんですが、それ以外の仕組み作りにも精力を傾けます。

例えばパートナー関係です。いつも多彩な方たちとお会いになって、自分にとってふさわしいビジネスパートナーを見つけ、ビジネスを拡大させる基盤とします。

また、大富豪は自分の身に何かあったときに、残された人たちが困らないように不動産などを所有し、そこから得られる収入でご家族全員が不安なく暮らせる仕組みを作っています。

大富豪は自分で仕組みを作る大切さをご存知ですが、一方で厳しさも心得ています。計画した売上、利益にまったく到達しないときは本人の取り分がないこともありますし、ビジネスパートナーが事業で失敗したときには、自分の損を覚悟で資金援助する場合もあります。

仕組みを作れることと、失敗も自分の責任として受け止められることとは裏表の関係といえるでしょう。

□自分で作った仕組みでないと、大きな利益は得られない

14 お金よりも大切なものを知っていらっしゃいます

大富豪の方々はお金のコントロールが上手で、資産を守る術にも長けています。また、お金を生み出す仕組みを作ることがお金持ちになる近道だと知り、それをしっかり実践しています。

そういう方たちですから、世間一般から見れば、お金中心の生活をしている人たちと見られがちです。口さがない人たちからは、「何よりもお金が大切なんだろう」と言われることもあるでしょう。

しかし、大富豪はお金より大切なものがあると言います。

これは一般の方と変わりないと思いますが、**奥さまやお子さまなど、ご家族は大富豪が一番大切にする対象**です。

家族に対する思いは人それぞれでしょう。大富豪の場合、自分の財産を子どもや孫の代まで引き継がせ、金銭的に心配のない暮らしをさせたいと考えています。資産を目減りさせたくないのは自分の欲のためではなく、家族を大切に考えればこその思いです。

会社を経営している方たちに多いのが、社員の雇用を一番に挙げるケースです。会社が赤字になっているときでさえ、社員は絶対にクビにしないと公言なさる方もいます。もちろん、儲かった時代にはしっかりと会社のなかに余剰のお金を蓄えてきたので、いざというときの準備はできているのです。

私のお客さまのひとりが、機械の修理・メンテナンスの会社を経営されています。その方も、経営が赤字続きでリストラしてもおかしくないような状況においても、「そのうち景気がよくなるんじゃないかな」と雇用には手を付けようとしませんでした。「会社に蓄えておいたお金を切り崩せば何とかなるだろう」というお考えで、やはり雇用維持より大事なものはないという態度でした。

私は、そこまでこだわるのはどうしてだろうかと思い、尋ねてみました。すると、その方は、先代が創業した会社の成り立ちをお話しになったのです。

「この会社は、戦後、大陸から引き揚げてきた人たちを食べさせるのが目的で作った会社なんだよ。職がない人たちが働いて食べていくためにできた会社なんだから、リストラしたら会社の意義がなくなってしまうんだ」

会社は間もなく設立から七〇周年を迎えます。最初に雇い入れた引き揚げの人たちに、機械の専門知識や技術があったわけではありません。会社で働くようになってから、実地で身につけたのです。

だんだんと会社の規模は大きくなり、社員の数も増えていきました。新しく採用する社員の大半は、そこで働いている人のお子さんとか親戚の方などで、家族的な雰囲気は創業以来ずっと変わっていないそうです。

大会社の社長でも新聞や雑誌のインタビューで「社員は家族のようなものだ」と答えていたりしますが、この方にとっては本当の意味での家族です。

創業時から、社員と密接な関係で結ばれてきた会社だけに、社員みんながファミリーそのものだといえます。


会社に余剰のお金があるから雇用第一と言えるのだろうと思われる方もいるでしょうが、この方は本気で「自分が全財産を失っても、雇用だけは守っていく」とおっしゃいます。

そういう気概があるからこそ、会社経営に力が入るのでしょう。

大富豪の方たちにとって、お金は目的ではなく、何かを成し遂げるための手段である側面が強いのです。
お金を稼ぐ先には、必ずお金より大切なものを見ているのが大富豪です。

□お金を稼ぐ目的を持つ

おわりに

本書でご紹介した大富豪の「お金の哲学」は、私が執事の仕事をするなかで、お客さまから直に教わったことばかりです。

ビジネスや投資で成功を重ね、わずかな年数で大富豪になられた方々は、例外なく「お金の哲学」を持っておられます。大切な資産を守り、さらに増やしていくために、その哲学を日々実践しているのです。

それは、お金を右から左に動かして利益を出すといった安易なものではなく、ストイックと呼んでいいほど厳しい姿勢です。

もし、大富豪と同じように「お金の哲学」を究め、実践しつづけることができたなら、特別な環境や才能に恵まれなくても、誰もが大きな富を築くことができると私は信じています。

本書を読んでおわかりの通り、大富豪は資産を増やすことに執着していません。自分ひとり豊かになっても無意味だと早くから気づいた方たちなのです。

お金に心を奪われると、お金に振りまわされる生き方になることもよくご存知です。第一に、いつも「こっちが得だ」「こっちは損だ」と言うようでは、周りに人が集まってきません。人との繋がりが弱くなれば、お金も縁遠くなる、というのは大富豪の基本的な考え方です。

大富豪が説く「お金の哲学」は、その根底に、お金を通じて人と出会い、その出会いを通じてよりよい世界を築こうとする純粋な想いがあります。それは特殊な思想でも、宗教的な信念でもありません。

経済活動を通じて新しい価値を生み出した者には、その対価として利潤がもたらされ、その利潤を再び経済活動に充てれば、さらによい世界が築かれる――これは資本主義の原理原則です。

資本主義の世界に生きる私たちは、お金のマイナス面が持つ罠《わな》に陥りがちです。お金を得ることだけを目的化すれば、逆に大きな経済的損失を被ることは、日々のニュースが伝える通りです。

裏切りや嫉妬《しっと》など負の感情に見舞われ、家族や友人との関係が壊れることもあります。

極端な場合は、お金を儲けたがために命を落とす人もいるのです。

大富豪は、そういう落とし穴を知るからこそ、「お金の哲学」が大切だと考えます。お金はよりよい世界を築くための手段に過ぎないと見極めたとき、お金を上手に稼ぐ方法も、お金を活かして上手に使う方法も発想することができるのです。

もちろん、豊かな生活を実現する第一歩として、お金を増やすことに力を注ぐのも悪いことではありません。それが働くモチベーションになる人も確かにいます。

そのような方でも、本書で紹介した「お金の哲学」をときどき思い出し、大富豪と同じ目線でお金を捉え、お金に対する姿勢を振り返ってもらえたら嬉しく思います。

大富豪たちが語る「お金の哲学」の根底には何があるのか、と考えながら読み返してもらえば、〝お金の本質〟について自分なりの答えが見つかるかもしれません。

最後になりますが、本書を出版するにあたって、前作『執事だけが知っている世界の大富豪58の習慣』に続き、膨大な時間と知恵を総動員して企画・構成を練り上げてくださった幻冬舎の杉山悠さん、「お金の哲学」をときには厳しく、ときには優しく教えてくださった当社のお客さま、そして、お客さまのために献身的に仕事に取り組み、私を力強くサポートしてくれている当社の仲間たちに深く御礼申し上げます。

二〇一五年一〇月

新井直之